JAIME PIZARRO FIGUEROA

Metodología para la Planificación Estratégica de un Modelo Ecológico/Holístico para prevenir el acoso escolar (Bullying y Cyberbullying) en las escuelas privadas, públicas e instituciones de educación superior en Puerto Rico (Innovación Disruptiva)

———◦◦◦———

"No pretendamos que las cosas cambien si siempre hacemos lo mismo".
Albert Einstein

Número de Control de la Biblioteca del Congreso de EE. UU.:   2012912892
ISBN: Tapa Dura   978-1-4633-3390-4
                   Tapa Blanda   978-1-4633-3389-8
                   Libro Electrónico   978-1-4633-3388-1

Para pedidos de copias adicionales de este libro, por favor contacte con:
Palibrio
1663 Liberty Drive
Suite 200
Bloomington, IN 47403
Llamadas desde los EE.UU. 877.407.5847
Llamadas internacionales +1.812.671.9757
Fax: +1.812.355.1576
ventas@palibrio.com
403402

INDICE

DEDICATORIA

Es con todo mi espíritu, alma, cuerpo y corazón que dedico esta disertación doctoral a mí amado Padre: **JEHOVA, ABBA**. El cual me dio la sabiduría, inteligencia y conocimiento para desarrollar esta investigación.

Asimismo, le tributo este esfuerzo ingente a mí amada, querida, hermosa y misionera del ABBA: **Sierva *Ruth M. Roldán López*.** Quien fue la fuente de estimuló e inspiración para la feliz culminación de esta Tesis Doctoral. Gracias querida hija Ruth.

"El principio de la sabiduría es el temor [Respeto, Amor] a Jehová".
Proverbios1: 8

Ruth M. Roldán López

AGRADECIMIENTO

Doy gracias a Dios por enviarme al **Dr. Franklin Valcin** como mi mentor, guía y consejero durante mis estudios conducentes a este grado académico en Atllantic International University. Muchas bendiciones del ABBA al Dr. Valcin y sus seres queridos.

Un profundo y sincero reconocimiento a la **Dra. Maribel Rivera Nieves**, la cual colaboró con sus comentarios, ideas y motivación para el desarrollo exitoso de esta investigación.

A la Trabajadora Social **Sra. Aurea P. Fernández Navedo**, quien me facilitó información sobre los proyectos del Departamento de Educación de Puerto Rico relativo al acoso escolar.

A mí amada hijita **Ruth M. Roldán López** por su apoyo y colaboración al permitirme utilizar su computadora para desarrollar esta disertación.

SUMARIO

El acoso escolar es un problema en las comunidades escolares que ha generado interés a nivel mundial durante las últimas décadas. De hecho, Puerto Rico está sumido en una crisis de violencia: en especial en las escuelas, con la modalidad de acoso escolar (*bullying y cyberbullying*). Por ende, este estudio se desarrolló con el propósito de diseñar una metodología usando la planificación estratégica para elaborar un modelo ecológico y holístico para prevenir el acoso escolar en las escuelas públicas y privadas e instituciones de educación superior de Puerto Rico. El marco de referencia fue la cultura, clima, convivencia de la comunidad escolar y los entornos que afectan la misma: individual, relacional, comunitario, social y globalización. Se utilizó una metodología mixta (cuantitativa y cualitativa) para la recopilación, revisión y análisis de la información y/o datos. Trece preguntas fueron redactadas con el fin de guiar el desarrollo del estudio. Los resultados de esta revisión fueron la base para el diseño de la metodología para planificar estratégicamente un Modelo Ecológico/Holístico para intervenir preventivamente en eventos de acoso escolar. Se diseñó un modelo grafico no-lineal que refleja la metodología esbozada. El mismo es de naturaleza personalizada y responsiva a las características únicas de cada comunidad escolar. Cada fase es explicada mediante ejemplos para su realización. Los hallazgos constataron la gravedad del acoso escolar en las de Puerto Rico; la ausencia de investigaciones sobre el acoso escolar por parte del Departamento de Educación de Puerto Rico y el exiguo establecimiento de modelos, proyectos, planes y/o estrategias contra el acoso escolar; pobre participación de la comunidad escolar en las ejecutorias anti-acoso escolar y la inexistencia de un proyecto de diseminación y divulgación en todo el país sobre la situación del acoso escolar en escuelas las escuelas, entre otras. En función de los hallazgos y conclusiones se exponen recomendaciones.

LISTA DE TABLAS

LISTAS DE FIGURAS

LISTA DE ANEJOS

xii

CAPÍTULO 1: <u>INTRODUCCIÓN GENERAL</u>

1.1 Introducción

En este capítulo presentamos los antecedentes sociales y culturales del estudio desarrollado. Posteriormente exponemos el tema del estudio y su razón de ser en el contexto histórico del siglo XXI.

1.2 Trasfondo histórico

1.2.1 Época española

Durante el periodo de la dominación de España en Puerto Rico surgen diversos decretos los cuales se proclamaron para propiciar una mejor educación a los usuarios del Sistema Educativo. De los cuales figuran: el Reglamento de los tenientes a guerra, considerado el primer documento oficial para regular la instrucción en el país e instrucción sistemática sobre lo que deben observar los docentes del nivel elemental para la enseñanza de las niñas y niños. Además, las Comisiones de Instrucción Pública establecidas en todos los pueblos de la Isla, la Academia Real de Buenas Letras, la Junta Superior de Enseñanza de Instrucción y el Decreto Orgánico de Despujols[1].

Para el 1998, la situación educativa de Puerto Rico era como sigue: el analfabetismo[2] en un 80 por ciento[3], habían 518 escuelas elementales y 26 secundarias (intermedias y superiores), el 16 por

---

[1] Víctor Fajardo, *Historia de la Reforma Educativa: Transformación de la Escuela Pública Puertorriqueña: 1993-1999*, San Juan de Puerto Rico, First Book Publishing, 1999, p. 3.

[2] Es la inhabilidad de leer, escribir y hablar en la lengua materna; realizar operaciones matemáticas y solucionar problemas con el nivel de efectividad necesario para desempeñarse adecuadamente en el trabajo, en la familia y en la sociedad.

[3] Departamento de Educación de Puerto Rico, *Compromiso con la alfabetización*, San Juan, 2010, *p.1*

ciento de la población en edad escolar asistía a las escuelas, la remuneración de los maestros muy pobre y sin seguridad en el cobro regular del mismo[4].

1.2.2 Época norteamericana

Con la llegada de los Estados Unidos de América a Puerto Rico nació una gran cantidad de reformas educativas. Primero, en el siglo XX, con la Ley Foraker de 1900, se estableció el Departamento de Instrucción de Puerto Rico y la posición de Comisionado de Instrucción Pública de Puerto Rico[5]. Éste se ocupaba de dirigir la educación puertorriqueña en todos sus niveles. En el 1903 se establece la Ley Escolar Compilada la cual comenzó a regular la Instrucción Pública del País[6]. En el 1925 se desarrolló el primer estudio del Sistema Educativo de Puerto Rico titulado *"A Survey of the Public Education System of Porto Rico"*. En el mismo se recopilaron datos e información en torno al cambio social operado en la Isla finalizado el primer cuarto del Siglo XX. Veinticuatro años después, en el 1949, se realizó otro estudio titulado *"Public Education and the Future of Puerto Rico, A Curriculum Survey"*. En el mismo se recalcaron los objetivos educativos, instrucción vocacional, la educación de adultos, los edificios escolares, la evaluación y los programas de enseñanza de la lengua y el currículo[7]. Para el año 1950, el por ciento de analfabetización fue de 24.7de una población total de 2, 210,703.

Con la aprobación de la Constitución del Estado Libre Asociado de Puerto Rico en el 1952, se enmarcan los siguientes derechos relacionados con la educación y a su vez declaran el deseo de la sociedad puertorriqueña por mejorar la educación en Puerto Rico, los mismos son los siguientes: (a) "Habrá un Sistema de Instrucción Pública, el cual será libre y enteramente no sectario y (b) La enseñanza será gratuita en la escuela primaria y secundaria y, hasta donde las

---

[4] Op. cit., Fajardo, p. 3.

[5] Op. Cit., Fajardo, p. 3.

[6] Idem., p. 4.

[7] Idem., p. 4.

facilidades del estado lo permitan se hará obligatoria para la escuela secundaria".[8]

En el 1959 se realizó el estudio *"The Educational System in Puerto Rico: Recommendations and Suggestions"*. El mismo tenía cuatro fines: realizar un estudio general del Sistema de Instrucción de Puerto Rico; ofrecer consejo, recomendación y ayuda al Secretario de Instrucción con respecto a nuevas ideas en materia de pedagogía; informar al Secretario asiduamente y cuando éste lo solicitara en torno a los resultados de las investigaciones y rendir un informe final de los resultados de la investigación[9].

En 1960, la Cámara de Representantes encomienda a la Comisión de Instrucción de dicho cuerpo describir las condiciones en las cuales se desarrolla el proceso enseñanza y aprendizaje en las escuelas del país. A tales efectos, se realizó el estudio titulado: *"Estudio del Sistema Educativo de Puerto Rico: Resumen General y Recomendaciones"*. Entre sus resultados más destacados están los siguientes: la urgencia de redactar una filosofía educativa del ser humano que el educativo debe ayudar a formar; la sociedad en que ha de vivir y servir; la escala de valores que aprecia la sociedad puertorriqueña para promover los mismos y fortalecerlos y el tipo de escuela que debe crearse y sostenerse para el logro de los objetivos antes mencionados[10]. La concretización de los resultados antes mencionados no se encontró evidencia.

Posteriormente, en el 1977 surgió el informe denominado *Informe Final de la Comisión sobre Reforma Educativa*. En el mismo se recopilan los hallazgos, conclusiones y recomendaciones necesarias para reformar EL Sistema Educativo de Puerto Rico, en todos los niveles. Como consecuencia de mencionado informe, en 1990 se presenta el *Informe Final de la Comisión Especial Conjunta para la Reforma Educativa Integral de la Asamblea Legislativa del Estado Libre Asociado de Puerto Rico*. Todos estos informes culminaron con la *Ley Núm. 68*

---

[8] Idem., p. 4.

[9] Idem., p. 4-5.

[10] Idem., p. 5.

4

de 28 de agosto de 1990, conocida como la *Ley Orgánica* que regula la educación elemental y secundaria del Sistema Educación Pública de Puerto Rico. De la Ley 68 se originó la *Ley Núm. 18,* denominada *Ley para el Desarrollo de las Escuelas de la Comunidad.* Para convertir las escuelas tradicionales en escuelas de la comunidad. Proceso que culmino con la *Ley Núm. 149 de 15 de julio de 1999,* conocida como *Ley Orgánica para el Departamento de Educación Pública de Puerto Rico* y la nueva *Ley Num.158 de 18 de julio de 1999,* denominada como *Ley de la Carrera Magisterial[11].* Ya para el 1990 el porcentaje de analfabetismo era de 10.36. Consideremos en el próximo apartado la condición actual del Departamento de Educación del Estado Libre Asociado de Puerto Rico.

1.2.3. Época actual (Siglo XXI)

En primer lugar, en el año 2000 no se incluyó en el formulario del Censo Federal auspiciado por los Estados Unidos de América, la pregunta sobre analfabetismo. Por ende, el Departamento de Educación no pudo Publicar estadísticas sobre el porcentaje de analfabetismo para dicho año. De acuerdo con el Departamento de Educación (2011)[12], para el año académico 2008-2009, el total de estudiantes era de 200,157 y de maestros 35,546[13]. Posteriormente, para el año académico 2009-2010, el total de educandos fue de 491,273 y el de maestros 31,916[14].

En la actualidad, 2012, el Sistema Educativo de Puerto Rico (SEPR) se divide en regiones educativas, que a su vez se dividen en distritos escolares. El idioma oficial es el español, aunque el inglés es asignatura obligatoria en todos los grados. Existen escuelas privadas que representan un 5 por ciento del total de escuelas en la Isla

---

[11] Idem., p. 5.

[12] Departamento de Educación de Puerto Rico, *Perfil del Departamento de Educación de Puerto Rico (Año Académico 2008-2009),* San Juan de Puerto Rico, 2011, p. 1.

[13] Idem., p. 1.

[14] Departamento de Educación de Puerto Rico, Perfil del Departamento de Educación de Puerto Rico *(Año Académico 2009-2010),* San Juan de Puerto Rico, 2011, p. 1.

(Departamento de Educación, 2010 cit. por Pizarro)[15]. Además, según el citado autor, el presupuesto consolidadado para el año escolar 2011 fue de $3, 822, 995,000 de los cuales 1, 320, 990,00 son fondos federales y $366, 811,000 fueron fondos de Estimulo e Reinversión Federal, ARA (Fortuño, 2010 cit. por Pizarro)[16]

Además, en esta coyuntura, a mediados de la década del Siglo XXI, la condición del SEPR es la manifestación de promesas incumplidas[17]. Sostiene la doctora Hernández profesora de la Escuela de Trabajo Social de la Universidad de Puerto Rico, Recinto de Rio Piedras, que la violencia se presenta en las escuelas del país, tanto públicas como privadas, como un fenómeno concreto, singular, homogéneo y simple, pero especialmente inter-personal. Por lo tanto, las estrategias para lidiar con dicho fenómeno se enmarcan en paradigmas de control y la psico-patologia, es decir: más policías y vigilancia en las escuelas, códigos de orden público, cierre de portones, detectores de metales, psicólogos escolares, cursos en valores, entre otras[18]. Cuando la violencia escolar es un reflejo de la sociedad en las escuelas.

Como consecuencia de un conversatorio en torno a la violencia escolar realizado con jóvenes en una escuela superior del SEPR, se identificaron los resultados siguientes: (a) Magnificación de los incidentes violentos ocurridos en las escuelas y destaque de los aspectos negativos de un grupo minoritario de estudiantes, (b) Los incidentes de violencia en las escuelas son similares al tipo de conducta que presentan muchos adultos, e inclusive, en mayor porcentaje que los jóvenes, (c) Favorecen como estrategias de prevención medidas destinadas a atender la criminalidad en la sociedad para evitar su reflejo

---

[15] Jaime Pizarro Figueroa, "La globalización y su impacto en la economía de la Eduicacion en el Sistema Educativo Publico de Puerto Rico", ENSAYOS, Revista de la Facultad de Educación de Albacete, Núm. 25, 2010, p. 65.

[16] Idem., p. 65.

[17] Blanca E. Hernández Sierra, "La violencia institucional en las escuelas publicas y privadas de Puerto Rico", *El Amauta 5*, enero de 2008, p. 11.

[18] Carlos Millán Pabón, "No cesa la violencia en los planteles escolares", *El Nuevo Día 27 de marzo de 2004, p. 5.*

6

en las escuelas y (d) Los jóvenes perciben la violencia escolar como secuela del comportamiento violento en la sociedad puertorriqueña y globalizada[19].

1.3 Presentación del tema

La violencia escolar como un fenómeno polifacético, de raíces biológicas, psicológicas, sociales, ambientales y hasta espirituales, ha sumido al planeta Tierra en un caos (Véase Garaigordobil & Oñederra, 2009; Park-Higerson, et. al., 2008 y Muñoz, et. al., 2007). Puerto Rico no es una excepción, la violencia en los núcleos escolares se ha incrementado significativamente en incidente como: asesinatos, violación, robo, agresión agravada, Ley de drogas, Ley de armas y acoso, entre otras[20].

La ocurrencia de violencia escolar más crítica en el Sistema Educativo de Puerto Rico es el denominado "bullying" o acoso físico, emocional y/o verbal de un estudiante contra otro estudiante (Rivera cit. por Rivera, 2010)[21]. Modalidad de violencia escolar que según la Dra. Rivera[22] constituye un hecho real día a día, y es intencional enfocado a causar daño al acosado.

A tales efectos, el tema objeto de investigación en este estudio constituye el siguiente: Planificación de un Paradigma Ecológico-Holístico para prevenir el Acoso Escolar ("Bullying" y : "Cyberbullying") en el Sistema Educativo de Puerto Rico (escuelas públicas, privadas e instituciones post-secundarias de Puerto Rico).

---

[19] Luis Santiago Moreno, *Grupo focal con estudiantes de Escuela Superior: Violencia en las escuelas*, 2004, p. 5, (Mimeografiado inédito).

[20] Eduardo A. Lugo Hernández, "El Proyecto VIAS: Acción y transformación para la prevención de la violencia escolar a través de3 la Investigación Basada en la Participación", *Ámbito de Encuentro*, vol. 4, núm. 1, 2011, p. 126.

[21] Aurora Rivera Arguinzoni "En escalada el acoso escolar", *El Nuevo Día*, 2012, p. 26.

[22] Maribel Rivera Nieves, *Las voces de la adolescencia sobre el "bullying": Desde el escenario escolar*, Estados Unidos, Palibrio, 2011.

1.4 Justificación

El desarrollo de este estudio es meritorio y pertinente por las razones expresadas a continuación. En primer lugar, el acoso escolar en el Sistema Educativo de Puerto Rico está aumentando consistentemente. Un 20 por ciento de los estudiantes del nivel intermedio son victimas del acoso escolar: número elocuentemente mayor en comparación con los Estados Unidos de América y la Comunidad Europea. En Estados Unidos de América es de 15 por ciento y en Europa en un rango entre un 10 por ciento a un 15 por ciento[23]. Otro dato sobresaliente del citado estudio fue que los escenarios más frecuentes para el acoso escolar fueron "el patio y los salones de clases, aun con maestros presentes".[24]

Otra razón es que el porcentaje de educandos de acoso escolar no es fiable: el Sistema Educativo de Puerto Rico (SEPR) no mantiene estadísticas precisas sobre estos incidentes y por el número de estudiantes que no informan estos incidentes. Aunque, desde agosto del 2011, el SEPR comenzó a recopilar estadísticas sobre acoso escolar. Y según Inés Rivera, directora del Programa de Trabajo Social del SEPR, se ha recibido 113 referidos, pero la agencia aun investiga los que pueden ser considerados como "bullying"[25]. Sin embargo, Vacas (2012)[26], informó que el SEPR reportó haber recibido 113 referidos de "bullying" en el año académico 2011-2012, incluidas 71 agresiones físicas, 22 verbales y 16 emocionales. Además, se expresó en el artículo mencionado cuatro casos referidos de acoso cibernético, una modalidad que podría estar en aumento vertiginoso ante el auge de Internet. Informaciones aparentemente contradictorias. En conformidad con los datos previos, estadísticas suministradas al investigador, a la mano, por la Sra. Inés Rivera Colón, los mismos indican que el 92 por ciento de incidentes de violencia en las escuelas

---

[23] Idem., p. 22.

[24] Idem., p. 23.

[25] Op. cit., Aurora Rivera, p. 26.

[26] Francisco Vacas, "Reglas claras con el acoso escolar", *El Nuevo Día*, 10 de febrero de 2012, p. 62.

del SEPR fue de naturaleza física; mientras que, 22 por ciento verbal y 21por ciento emocional.

Por otro lado, según Igartúa (2011)[27] el SEPR, ha adoptado programas enfocados a la prevención de la violencia escolar como son: Calidad de Vida Escolar, Enlaces para la Paz, Educando para la Paz, Alternativa Educativa de Servicios Comunitarios, Escuela Abierta, Trabajo Social Escolar, Orientación y Consejería Escolar, Servicios Médicos Escolares, Servicios Integrados a Comunidades y Salud Escolar[28]. Estos programas tienen como fin la promoción de valores, creencias, actitudes y hábitos de sana convivencia. Asimismo, el desarrollo integral de los educandos y el desarrollo de un pensamiento crítico en conjunto a la interiorización de conceptos positivos para una vida buena en la sociedad. Otro proyecto adoptado por el SEPR para lidiar con al acoso escolar es el denominado Tus Valores Cuentan. El cual según Rivera (2012)[29], se implantó en el verano de 2011 en la escuela Inés María Mendoza del municipio de Caimito, uno de los 340 planteles participantes.

No obstante, ante el ingente aumento del acoso escolar el SEPR enmendó en el 2011 su reglamento y estableció un protocolo de intervención con los acosadores y con sus victimas, de manera que éstos reciban ayuda emocional. Pero, los protocolos internos de los núcleos escolares parecen no ser suficientes para corregir y/o mitigar el problema del acoso escolar. Los mismos carecen de sistematización, integración y un enfoque que atienda en forma integral las interrelaciones de las variables que inciden en la promoción del acoso escolar.

Sin embargo, a pesar de la existencia de estos programas y protocolos en torno a la violencia escolar, en especial el acoso escolar, continua en aumento. La tasa de incidentes violentos en

---

[27] Marie B. Igartua Soto, "La violencia escolar es un reto para todos", *Ámbito de Encuentros*, vol. 4, núm. 1, 2011, p. 100.

[28] Idem., p. 100.

[29] Daniel Rivera Vargas, "Unidos podemos salir adelante: Estudiantes y funcionarios apuestan a 'Tus Valores Cuentan'", *El Nuevo Día*, miércoles 15 de febrero de 2012, p. 10.

el SEPR está en incremento y se proyectan más. Los datos, en términos de Igartua, reflejan dos tendencias medulares: incremento en la cantidad de incidentes violentos y un aumento en la intensidad de los mismos[30].

Por otra parte, existe desconocimiento publico en torno a cómo se está trabajando con este problema de violencia escolar, acoso escolar, y la efectividad de estos programas de prevención. Además, los núcleos escolares se están convirtiendo en "tierra de nadie": sin control y ausencia de seguridad para los estudiantes. Los resultados de la revisión de la literatura no reflejó la existencia de datos e información sobre la efectividad de los mencionados programas contra la violencia escolar por parte del SEPR. Aunque, se enmendó la Ley Núm. 37 de 10 de abril de 2008, conocida como la Ley del Consejo General de Educación de Puerto Rico de 1999, para añadir el inciso número cuatro (4), el que expresa: "requerir a las escuelas privadas de nivel prescolar, elemental, secundario, vocacional, técnico y de altas destrezas evidenciar fehacientemente que cuentan e implantan políticas y protocolos definidos, concretos y ejecutables en contra del hostigamiento e intimidación ("bullying") entre estudiantes[31], la situación de acoso escolar es crítica.

Por ende, la realización de esta investigación es necesaria y con premura debido a la situación significativa y peligrosa para la comunidad escolar en el SEPR las escuelas privadas e instituciones post-secundarias que representa el acoso escolar. Presentamos a continuación el propósito de esta investigación.

1.5 Propósito del estudio

El propósito de este estudio fue diseñar una metodología usando la planificación estratégica para elaborar un modelo ecológico y holístico para prevenir el acoso escolar en las escuelas públicas y privadas de Puerto Rico. Usando como referencia la cultura, clima,

---

[30] Idem., p. 101.

[31] LexJuris Puerto Rico, *Ley Núm. 37 del año 2008*, San Juan de Puerto Rico, Leyes de Puerto Rico, 2008, p. 4.

convivencia de la comunidad escolar y los entornos que afectan la misma: individual, relacional, comunitario, socia y globalización. A tales efectos, las preguntas de investigación que guiaron este estudio se presentan en el próximo apartado.

1.6 Preguntas de investigación

El investigador identificó las preguntas de investigación directivas de este estudio, las mismas se incluyen a continuación:

1. ¿Qué es el acoso y ciberacoso, características, factores de riesgo, consecuencias y otros factores a nivel: Internacional, Estatal y Local?

2. ¿Qué estudios exploratorios, descriptivos, meta-análisis, experimentales o de cualquiera otra índole se han desarrollados a nivel: Internacional, Estatal y Local?

3. ¿Cuáles programas de prevención e intervención se han desarrollado a nivel: Internacional, Estatal y Local y cuáles han sido sus resultados?

4. ¿Qué son paradigmas y tipos de paradigmas como: determinista, holístico, ecológico?

5. ¿Cuáles son los fundamentos teóricos conceptuales del modelo ecológico-holístico para prevenir el acoso escolar en el SEPR?

6. ¿Cuáles son los principios básicos del modelo ecológico-holístico para prevenir el acoso escolar en el SEPR?

7. ¿Qué postula el modelo ecológico-holístico para prevenir el acoso escolar en el SEPR?

8. ¿Cuáles son los componentes del modelo ecologico-holistico para prevenir el acoso escolar en el SEPR?

10. ¿Cómo interaccionan los diversos componentes del modelo ecológico-holístico para prevenir el acoso escolar en el SEPR?

11. ¿Qué estrategias emanan del modelo ecológico- holístico para prevenir el acoso escolar en el SEPR?

12. ¿Cómo implantar las estrategias diseñadas para prevenir el acoso escolar en la comunidad escolar?

13. ¿Cómo se evaluará el clima de la comunidad escolar posterior a la Implantación de las estrategias producto del modelo ecológico/holístico?

1.7 Definición de términos

En esta sección exponemos los conceptos meritorios de definición. A tales efectos, se van a considerar definiciones conceptuales y operacionales. Los términos definidos conceptualmente se presentan a continuación y posteriormente las operacionales.

1.7.1 Definiciones conceptuales

Acoso – comportamiento repetitivo de hostigamiento e intimidación (Rivera, 2011)[32].

Acosador- persona que ejerce el acoso escolar (Rivera, 2011)[33].

Acoso escolar (*Bullying*) – un estudiante está siendo intimidado cuando otro estudiante o grupo de estudiantes; dice cosas mezquinas o desagradables, se ríe de él o ella o le llama por nombres molestos o hirientes. Le ignora completamente, le excluye de su grupo amigos

---

[32] Maribel Rivera Nieves, Las voces de la adolescencia sobre el "bullying": Desde el escenario escolar, Estados Unidos de América, Palibrio, 2011, p. 18.

[33] Idem., p. 18.

o le retira de actividades o propósito. Golpea, patea y empuja, o le amenaza. Cuenta mentiras o falsos rumores sobre él o ella, le envía notas hirientes y trata de convencer a los demás para que no se relacionen con él o ella. Y cosas como esas. Estas cosas ocurren frecuentemente y es difícil para el estudiante que está siendo intimidado defenderse por sí mismo. También es bullying cuando un estudiante está siendo molestado repentinamente de forma negativa y dañina. Pero no le podemos llamar bullying cuando alguien se mete con otra persona de manera amistosa o como en un juego. Tampoco es bullying cuando dos estudiantes de la misma fuerza discuten o se pelean (Olweus cit. por De la Sierra (2007)[34].

Acoso virtual *(cyberbullying)* - el uso y difusión de información lesiva o difamatoria en forma electrónica a través de medio de comunicación como el correo electrónico, celular, correo instantáneo y las redes sociales (Garaigordobil, 2011)[35]

Agresión física – se refiere al ataque intencional e inapropiado a un organismo mediante armas o elementos corporales, con conductas motoras y acciones físicas, las cuales ocasionan daños corporales, molestias o disconformidad en la víctima (Archer, Pearson, & Westeman, 1988; Caprara, Cinanni, & Mazzotti, 1989; Tapper & Boulton, 2004 cit. por Gordillo, 2010[36]).

---

[34] Santa Cruz De la Sierra, *Educación en cultura de paz*, II Jornada de Cooperación con Iberoamérica sobre Educación en Cultura de Paz, Organización de las Naciones Unidas para la Educación la Ciencia y la Cultura, 2007, p. 35.

[35] Maite Garaigordobil, "Prevalencia y consecuencias del cyberbullying: Una revisión", *International Journal of Psychological Therapy*, vol. 11, núm. 2, 201, p. 236.

[36] Rodolfo Gordillo Rodríguez, *Análisis longitudinal de la relación entre depresión y agresión física y verbal en población infanto-juvenil,* Universidad Nacional de Educación a Distancia, España, 2010, p. 32.

Agresión psicológica o emocional - Es una forma de maltrato, un conjunto heterogéneo de actitudes y comportamientos, en todos los cuales se produce una forma de agresión psicológica, pero a diferencia del maltrato físico, es sutil y más difícil de percibir, detectar, valorar y demostrar. Se desvaloriza, se ignora y se atemoriza a una persona a través de actitudes o palabras. La violencia psíquica se sustenta a fin sobre Educación de conseguir el control, minando la autoestima de la víctima, produciendo un proceso de desvalorización y sufrimiento (DSM-IV, 2001)[37].

Agresión verbal – es la acción directa o indirecta, la primera modalidad se realiza a través de insultos y burlas que pueden ir acompañadas de gestos, con el objetivo de ofender al agredido (Caprara & Pastorelli, 1989; Tapper & Boulton, 2004; Toldos, 2005 cit. por Gordillo, 2010[38]), la segunda modalidad, indirecta, es aquella que intenta dañar a la víctima consiguiendo su exclusión del grupo por medio de la difusión de rumores y críticas, así como, manipulando al resto de integrantes para alentar su rechazo y exclusión (Bjorkqvist, Lindstrom, & Pehrsson, 2000; Bowie, 2007; Buss[39], 1961; Crick & Grotpeter, 1995; Crick, Casas, & Mosher, 1997; Feshbach, 1969; O'Rourke, 2009; Putallaz, et al., 2007; Tapper & Boulton, 2004; Toldos, 2005, cit. por Gordillo, 2010)[40].

Clima escolar – se refiere a la percepción que tienen los sujetos del núcleo escolar sobre las relaciones

[37] AMERICAN PSYCHIATRIC ASSOCIATION, *Manual diagnóstico y estadístico de los* trastornos mentales, DSM-IV TR. Barcelona, Masson, 2011, P. 1234.

[38] Idem., p. 33.

[39] Idem., p. 33.

[40] Rodolfo Rodríguez Gordillo, *Análisis longitudinal de la relación entre depresión y agresión física y verbal en población infanto-juvenil*, Universidad Nacional de Educación a Distancia, España, 2010, p. 40.

14

interpersonales que establecen en el contexto escolar y el contexto en el cual estas interacciones acontecen (De la Sierra, 2007)[41].

Clima escolar positivo – es el que permita al estudiante sentirse acompañado, seguro, querido, tranquilo y posibilita su desarrollo personal (De la Sierra, 2007)[42]

Clima escolar negativo– son los que propician en el estudiante estrés, irritación, antipatía, depresión, falta de interés y una sensación de estar agotado física y mentalmente (De la Sierra, 2007)[43]

Planificación estratégica – es un conjunto de acciones que deben ser ejecutadas para lograr objetivos estratégicos, lo que implica definir y priorizar los problemas a resolver, definir soluciones, determinar los responsables para realizarlos, asignar recursos para llevarlos a cabo y establecer la forma y periocidad para medir los avances (Alfredo Acle Tomasini cit. Cardera, 2004[44]).

1.7.2 Definiciones operacionales

Modelo ecológico-holístico – paradigma que postula que la violencia escolar hay que explicarla dentro de un contexto escolar en un sistema abierto está en función de variables intrasistémicas y extrasistémicas; y el ser humano como un ente compuesto de espíritu, alma y

---

[41] Santa Cruz De la Sierra, *Educación en cultura de paz*, II Jornada de Cooperación con Iberoamérica sobre Educación en Cultura de Paz, España, Organización de las Naciones Unidas para la Educación la Ciencia y la Cultura, 2007, p. 53.

[42] Idem., p. 54.

[43] Idem., p. 55.

[44] Rodolfo Cardera Mejias, *Planeación estratégica de recursos humanos: Conceptos y teoría sobre planeación efectiva de recursos humanos*. Universidad Politécnica de Nicaragua, 2004. P. 56.

cuerpo con necesidades únicas y el cual interacciona con su entorno y viceversa, modelo diseñado por el investigador.

1.8 Limitaciones del estudio

Al considerar el nivel local, Puerto Rico, lo relativo al acoso escolar en las escuelas del mencionado país se presentó un factor limitante para el estudio realizado. La administración central de las escuelas públicas no facilitó datos ni información sobre el acoso escolar en dichas escuelas. De igual forma aconteció en las escuelas privadas. No obstante, la ausencia de información oficial de estos sistemas escolares no afectó significativamente los resultados de la investigación. Ya que se recibió insumo de Asociaciones Privadas anti-acoso escolar que desarrollaron estudios sobre el acoso escolar como Puerto Rico Stop Bullying, Inc., artículos en la prensa escolar, Congresos sobre Acoso Escolar y documentos suministrados por funcionarios públicos sobre talleres a maestros sobre acoso escolar.

1.9 Delimitaciones

En este apartado presentamos las restricciones o limites necesarios para la viabilidad el estudio. Las mismas están en función del espacio y el tiempo.

El estudio se delimitó a los educandos del Sistema Educativo Publico de Puerto Rico (público y privado) del nivel elemental, secundario y educación superior. En lo que concierne al tiempo se concretizó para los anos escolares 2008-2009, 2009-2010, y 2010-2011, 2011 y 2012.

CAPÍTULO 2: <u>REVISIÓN DE LITERATURA</u>

2.1 Introducción

El propósito de este estudio fue diseñar una metodología usando la planificación estratégica para elaborar un modelo ecológico y holístico para prevenir el acoso escolar en las escuelas públicas y privadas de Puerto Rico. Usando como marco de referencia la cultura, clima, convivencia de la comunidad escolar y los entornos que afectan la misma: individual, relacional, comunitario, social y globalización.

En este capítulo presentamos el marco teórico de la investigación en función de las preguntas de investigación expuestas en el capítulo uno (1). Además de los estudios tangentes al tema de esta investigación y las preguntas de investigación. Desde tres perspectivas: internacional, estatal (Estados Unidos de América) y local (Puerto Rico).

2.2 Marco histórico y conceptual del acoso escolar

2.2.1 Antecedentes históricos del acoso escolar

El *bullying* ha sido objeto de investigación desde finales de los anos 70 y principios de los 80 en países como Noruega, Suecia y Finlandia. Precisamente es en Noruega donde encontramos a uno de los grandes pioneros, en el marco académico, en su estudio el Dr. Dan Olweus profesor de psicología en la Universidad de Bergen en Noruega. Éste realizó el primer estudio a nivel mundial sobre el acoso escolar publicado en 1973 en Escandinavia y en 1978 en Estados Unidos de América titulado *Aggression in the Schools: Bullies and Whipping Boys* traducido en 15 idiomas. Olweus cit. por Estévez[45], define el *bullying* como:

---

[45] Estefania Estévez López, *Violencia, victimización y rechazo escolar en la adolescencia*, Valencia, 2005, p. 15. (Tesis Doctoral).

"una conducta de persecución física y/o psicológica que realiza un alumno hacia otro, al que elige como víctima de repetidos ataques. Esta acción, negativa e intencionada, sitúa a las victimas en posiciones de las que difícilmente pueden salir por su propios medios".[46]

En un trabajo posterior Olweus cit. por Estévez añade que:

"un alumno es agredido o se convierte en víctima cuando está expuesto, de forma repetida y durante un tiempo, a acciones negativas que lleva a cabo otro alumno o varios de ellos, [y considera como acción negativa] toda acción que causa daño a otra persona de manera intencionada"[47].

En resumen un estudiante es objeto de acoso escolar o "bullying cuando repetidas veces a través del tiempo es objeto de un comportamiento agresivo que le causa intencionalmente daño físico y/o emocional por medio del contacto físico, las agresiones verbales, las peleas o la manipulación psicológica. El acoso escolar constituye un desequilibrio de poder y puede abarcar la burla, la provocación, el uso de apodos hirientes, la violencia física o la exclusión social. El acosador puede actuar individualmente o dentro de un grupo de pares. El acoso puede ser directo (ataque físico y/o verbal) o indirecto (aislamiento o exclusión deliberada). También está el acoso cibernético, el cual es el hostigamiento usando correo electrónico, los teléfonos celulares, los mensajes de texto y los sitios Web calumniosos.

Es con la investigación del Dr. Olweus que se da una gama de estudios sobre el bullying, como las siguientes. En Inglaterra (Smith & Sharp, 1994), Irlanda (O'Moore & Hillery, B, (1989), Italia (Genta et al., 1996), Alemania (Shäfer, 1996), España (Fernández y Quevedo, 1991: Ortega, 1992; 1994ª y b; 1997; 2000; 2003 y 2006), Australia (Rigby y

---

[46] Idem., p. 15.

[47] Idem., p. 15.

18

Slee, 1991), Japón (Morita, 1985) y Estados Unidos de América (Nansel et al., 2001; Perry, Kusel & Perry, 1988; Tattum, 1989).[48]

2.2.2 Características del acoso escolar

Los elementos característicos del acoso escolar, de acuerdo lo presenta Estévez (2005)[49], se resumen en la tabla número uno (1) a continuación. Asimismo, en el Anejo A, se presentan las características de los agresores o "bullies". Por otro lado, la Dra. Marissa Medina Piña (2010)[50], subrayó las dimensiones personalidad, física y social de los "bullies" o acosadores sociales. En el tabla número dos (2) presentamos las mismas.

Tabla 1 – Características principales del acosador y acosado en el acoso escolar

1. El agresor o acosador tiene la intención deliberada de infligir daño o miedo al acosado o víctima.
2. El acosador ataca o intimida al acosado usando agresiones físicas, verbales o psicológicas.
3. La agresión hacia el acosado es frecuente y durante cierto tiempo.
4. El acosador se auto-percibe como el más fuerte y poderoso con relación al acosado.
5. Las agresiones producen el efecto deseado por el acosador.
6. El acosador generalmente es apoyado por un grupo de pares.
8. El acosado está en un estado de indefensa y es incapaz de abandonar por sí mismo la situación de acoso escolar.
9. Existe una relación jerárquica de dominación-sumisión entre el acosador y el acosado.

Fuente: Adaptado por el investigador de Estévez (2005).

---

[48] Idem., p. 35.

[49] Idem., p. 16.

[50] Marissa Medina Piña, *Bullying en Puerto Rico*, (Power Point), Universidad de Puerto Rico, 24 de enero de 2010, p. 46.

Tabla 2 – Dimensiones integral del acosador escolar

Personalidad	Físico	Social
1. Impulsivo	1. Generalmente del género masculino	1. Menor integración social
2. Se frustran con facilidad	2. Tiene mayor fortaleza física	2. Menos populares, pero más que sus acosadores
3. Dominante y alta autoestima	3. Generalmente de mayor altura	3. Carecen de lazos familiares
4. No acatan normas sociales		4. Escaso interés por el área académica
5. Perciben la violencia positivamente		5. Disfuncionales en el núcleo familiar
6. Actitud desafiante con relación a los padres y profesores		
7. Autoritaritas		
8. Discrepantes		

Fuente: Adaptado por el investigador de la Dra. Marissa Medina Peña

El acoso escolar constituye un fenómeno donde participan tres entes: acosador, acosado y observadores[51]. Los mismos se pueden representar mediante un modelo grafico donde se plasmas la interrelación de los integrantes de dicho fenómeno, véase diagrama número uno (1). Se observa en el mencionado diagrama una relación interdependiente y holística entre los participantes del acoso escolar. El acosador es la figura dominante y que imprime temor y hasta simpatía. Los observadores (estudiantes, maestros y comunidad) pueden experimentar miedo, culpa, impotencia, insensibilidad, sin deseo de involucrarse y hasta lo perciben divertido y natural. En términos de los maestros estos pudieran desconocer el acoso escolar, no intervienen para evitar problemas con los estudiantes y/o no reaccionan a los eventos injustos de su entorno. En función del acosado, la víctima, el mismo está impotente, solo, deprimido, angustiado y con deseos de abandonar la escuela. Asimismo tanto el acosador como el acosado desembocan en un incremento de complejas dificultades interpersonales y la consecuencia disminución del rendimiento académico.

---

[51] Idem., p. 15.

Un importante avance para conocer la estructura y dinámica social del acoso escolar fue el trabajo de Salmivalli y sus colaboradores cit. por De la Sierra[52], los cuales describieron un amplio abanico de papeles en la estructura del acoso escolar. Estos investigadores identificaron seis papeles: *agresor*, que realiza la agresión; *reforzador del agresor*, que estimula la agresión; *ayudante del agresor*, que apoya al agresor; *defensor de la victima*, que ayuda a la víctima a salir de la victimización; *ajeno*, no participa de ningún tipo de dinámica; y *victima, el que padece la* victimización.

Por otra parte. Es necesario añadir otro elemento en este fenómeno complejo del acoso escolar: la sociedad. En el Anejo B, se demuestra el diagrama Cuatríangulo del acoso escolar diseñado por el investigador. En el mismo se considera la escuela inmersa en el sistema social – sociedad. En el mismo se destaca que tanto el sistema escolar como la sociedad y cultura se están afectando mutuamente.

Diagrama 1 – Triángulo del acoso escolar (Bullying)

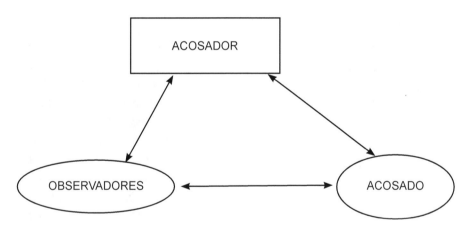

Fuente: Marissa Medina Piña (2010)

El acosado o agresor generalmente presenta cuatro necesidades fundamentales las cuales se presentan a continuación en

---

[52] Op. cit., p. 37.

la tabla número tres (3) (Rodríguez cit. por Estévez)[53]. Se destaca en esta tabla un agresor frustrado, humillado con ira y manifestaciones de vacío existencial: desconoce su propósito para con su vida.

Tabla 3 – Necesidades básicas del acosador

Necesidades	Comportamiento
1. Protagonismo	Necesita ser visto, aceptado y atendido por los demás.
2. Sentirse Superior	Fuerte deseo de demostrar que son más fuertes que sus semejantes.
3. Ser Diferente	Creación de una reputación e identidad única y pretenden ser diferentes y descartan lo que no es semejante a su comportamiento.
4. Llenar un vacío emocional	Incapaces de emocionarse ante estímulos comunes: necesitan nuevas vivencias y sensaciones para propiciar un auto-espectáculo.

Fuente: Estévez (2006)

De igual forma, los acosados o víctimas exhiben particularidades. La cuales son de dos tipos, a saber: acosados pasivos o sumisos y acosados provocativos o agresivos. En las tablas cuatro (4) y cinco (5) se recogen las características de cada tipo de víctima o acosado, respectivamente.

Según las tablas precitadas anteriormente, ambos tipos de victimas convergen en una situación social de aislamiento en la escuela y ausencia de popularidad entre sus pares. También se puede desprender de las mencionadas tablas que la victimas pasivas exhiben niveles muy pobres de comunicación asertiva, y alta vulnerabilidad a experimentar síntomas depresivos. En las victimas agresivas existe una marcada tendencia a la impulsividad y la violencia, pobres destrezas para relacionarse socialmente con sus semejantes, impedidos a aceptar normas de conducta para la sana convivencia, asociados con

---

[53] Op. cit. Estévez (2005), p. 21.

un ambiente familiar disfuncional y agresivo con una crianza autoritaria y punitiva.

Tabla 4 – Características de los acosados(as) pasivos(as) o sumisos(as)

• Suelen presentar alguna tipo de discapacidad o signo fuera de la norma (obesidad, débil y complexión, entre otras)
• Aprovechamiento académico superior a los de sus acosadores
• Presentan timidez, inseguridad, ansiedad y pobre asertividad.
• Altos niveles de síntomas de depresión.
• Sentimiento de sobreprotección por sus padres.
• Ignorados por sus pares y muy dependientes.
• Dificultad para ser escuchados por sus compañeros y persuadir a éstos.

Fuente: Estévez (2006)

Tabla 5 – Características de los acosados(as) provocativos(as) o agresivos(as)

• Presentan hiperactividad y ansiedad.
• Pocas habilidades sociales.
• No aceptan las normas sociales.
• Impulsivas e impacientes.
• Ambiente familiar hostil y coercitivo.
• Generalmente rechazados por sus pares en la escuela.

Fuente: Estévez (2006)

Según Estévez (2005)[54], las investigaciones sugieren que los educandos rechazados, acosados, agredidos, intimidados, humillados o son victimas, manifiestan unas características básicas particulares. Estas se resumen en la tabla número seis (6), la cual presentamos próximamente.

---

[54] Op. cit. Estévez (2005), p. 23-23.

Tabla 6 – Características de los educandos rechazados

• Autoestima baja es el dominio académico.
• Muy poco disfrute en las actividades escolares.
• Percepción de la cultura y clima escolar muy poso positivo y cuestionan las normas del centro escolar.
• Insatisfechos en las relaciones con sus profesores y compañeros.
• Evaluaciones negativas por parte de sus profesores con relación a su comportamiento, integración social, aprovechamiento académico y esfuerzo.
• Sus padres valoran negativamente el proceso enseñanza y aprendizaje y los profesores.
• Provienen de familia disfuncionales: ausencia de unidad familiar, ambiente familiar conflictivo, comunicación familiar disfuncional y un estilo parental fundamentalmente autoritario.

Fuente: Estévez (2006)

En el Anejo C presentamos los mitos, creencias erróneas con relación al acoso escolar. Además, el Anejo D factores que propician la conducta de acosador en el estudiante en cinco categorías: Personales, Psicopatológicas, Familiares, Escolares y Socioculturales, según José Sanmartín, et. al. (2010)[55]. Es necesario destacar, que aunque todos los cinco factores son importantes, el factor sociocultural, en especial los medios de comunicación masivo social adquiere en este Siglo XXI vital importancia. Ya que los mismos permean en todos los ámbitos de la sociedad: desde el local al nivel internacional.

Serrano e Iborra (2005)[56] en el documento *Informe Violencia entre Compañeros en la Escuela* hacen referencia a cinco condiciones indicadores de acoso escolar. Y cuando se cumplen al menos tres de las condiciones se concretiza el acoso escolar. Las condiciones o criterios son los siguientes:

---

[55] José Sanmartín, et. al., *Formación para la convivencia: Guía para el Profesorado,* España, GENERALITAT VALENCIANA, (2010), p. 23-24.

[56] Ángela Serrano Sarmiento e Isabel Iborra Marmolejo, *Violencia entre Compañeros en la Escuela,* Centro Reina Sofía para el Estudio de la Violencia, España, METRASEIS, 2005.

✓ El acosado se siente intimidada(o)

✓ El acosado se sientes excluido(a) de los demás seres humanos.

✓ El acosado visualiza al acosador como el más fuerte.

✓ Las agresiones (físicas, verbales y/o gesticular) son cada vez mas intensa.

✓ Las agresiones usualmente son en privado.[57]

De la Sierra[58], también, caracteriza en forma sintética los indicadores del acoso escolar, a saber: (a) un evento que se da en el seno de un grupo que convive cotidianamente, (b) acosador y acosadores tienen el mismo estatus en el grupo social, (c) es una vivencia prolongada y reiterada, (d) no constituye una broma, aunque los acosadores afirmen que es una broma; (e) se aprovecha la existencia de un supuesto desequilibrio de poder entre los que se presuponen iguales, (f) cierto nivel de subjetividad en las victimas y agresores que puede deformar su realidad y (g) siempre existe la intención, por parte de los acosadores, ya sea la de ejecutar daño o de reafirmar su poder frente a la victima y con relación al grupo.

En otro aspecto del acoso escolar o intimidación, según lo designa De la Sierra (2007)[59], es el fenómeno de la cultura del silencio imperante en las situaciones de acoso escolar. Las características de esta cultura son las siguientes:

✓ Los acosados generalmente no informan a los adultos sobre la situación que están aconteciendo, por lo tanto los padres y maestros no conocen quien esta siendo acosado.

---

[57] Idem., p. 12.

[58] Op. cit., p. 36.

[59] Op. cit. p. 48.

✓ El acoso escolar o intimidación es realizada por lo general en forma privada, sin la presencia de adultos.

✓ Un alto porcentaje de profesionales sobrevaloran el papel de la familia, en particular la figura de la madre, como influencia de los niños, subestimando la significativa influencia del grupo de pares.

✓ Frecuentes investigaciones sugieren que los profesores a menudo no atienden las necesidades de los acosados, debido a que los acosados no lo informan y no llaman la atención. Esta actitud facilita adoptar una actitud de desatención y el debido cuidado con relación al acosado. De suerte, que los profesores no tienen una clara y precisa definición del acoso escolar. Y por ende, los educadores se le torna sumamente difícil identificar a tiempo cuándo un estudiante es acosado.

✓ Los acosados no comunican de su acosamiento por miedo a represalias de los acosadores o auto-perciben que al explicar su situación serán aún más rechazados o aislados. Asimismo suelen tener miedo de percibir una imagen de debilidad e incapaces de resolver sus problemas por sí mismos. Por otra parte, la sociedad en general da la impresión de aceptar y tolerar los eventos de acoso escolar entre niños y jóvenes, lo han naturalizado. De igual forma, se argumenta que la mayoría de los adultos desconocen como lidiar efectivamente una situación de acoso escolar o intimidación y/o lo perciben como situaciones normales del desarrollo integral de los seres humanos.

✓ Existe una tendencia a reaccionar exageradamente a situaciones de violencia física, aunque no correspondan a situaciones de acoso escolar, y a desatender las manifestaciones de acoso escolar en su modalidad verbal e indirecta. Por lo tanto, no se puede esperar que los docentes intervengan eficientemente en situaciones de acoso escolar.[60]

---

[60] Idem., p. 49.

2.2.3 Causas del acoso escolar

La ponencia presentada por López en el Primer Congreso sobre Ética en los Contenidos de los Medios de Comunicación e Internet[61]. Se plantea que el medio televisivo es el principal agente de la cultura actual, además de la Internet, que se analizará más adelante. En la ponencia se expresa que: "El televidente asume una actitud pasiva frente al televisor, éste lo va configurando con sus contenidos el paradigma del mundo que debe tener"[62]. En dicho proceso de "lavado de cerebro" el medio televisivo le indica al espectador como pensar, reflexionar y actuar. Se le introducen pensamientos ajenos a su forma de ser pero que transforma su modo de ser. El receptor, ser humano, es portador de ideas irreales y a veces fragmentadas del mundo: la televisión se convierte por defecto en educadora.

Además añade la ponente, el hecho inevitable del nacimiento de la violencia con los medios audiovisuales; el núcleo familiar, entre otras, también moldea la cultura y por ende al ser humano. Aunque, indefectiblemente son los medios de comunicación masivos los de mayor influencia con respecto al significativo nivel de influencia en la inculcación de patrones de conducta violentos y hostiles. La autora se plantea la siguiente interrogante: ¿Cómo explican la televisión y el cine la ingente cantidad de violencia y crimen mostrado diariamente? Tanto la televisión como el cine justifican la enorme dosis de violencia y crimen postulando que el público le gusta esos temas y es lo que vende. Los programas y las series de televisión violentos y con escenas donde se elogia al más fuerte, y se recurre a la agresión física y verbal para alcanzar las metas y se desprecia la vida de otros seres humanos. Esto es apreciado por los televidentes. Asimismo estos programas invitan a los pasivos televidentes a practicar actitudes antisociales, hostiles y antivalores[63].

---

[61] María del Mar López Talavera, *Ante la cultura de la violencia en los medios de comunicación: Un enfoque ético*, Primer Congreso Internacional sobre Ética en los Contenidos de los Medios de Comunicación e Internet, Fundación de Cultura y Paz, España, 2001,

[62] Idem., p. 1.

[63] Idem., p. 3-4.

En la citada ponencia un hallazgo significativo plasmado en la misma es el siguiente: "...lo único que se puede afirmar de modo contundente es la existencia de una gran cantidad de violencia en los programas televisivos..."[64]. Empero, según esta autora, una gran cantidad de experimentos han demostrado fehacientemente que la exposición de los(as) niños(as) a escenas violentas, reales o irreales (muñequitos) en la televisión y el cine incrementan la probabilidad para aumentar conductas agresivas posteriormente luego de observar dichas escenas. Concluyendo con la siguiente afirmación: "los(as) niños(as) que han visto escenas hostiles manifiestan una conducta mas violenta luego de ver las escenas violentas, con seres humanos u objetos inanimados"[65]. De igual forma, dichos efectos se observan además en adolescentes y adultos. Es importante mencionar el fenómeno denominado *tiggering*; el cual postula que la observación de escenas violentas propicia o dispara actos o conductas agresivas en los seres humanos desequilibrados o mentalmente inestables[66].

Además, López, constata citando una gran cantidad de experimentos de laboratorio la relación causal entre el comportamiento violento de los(as) niños(as) aumenta la probabilidad al observar escenas violentas en la televisión y el cine. Las conclusiones estos estudios avalan consistentemente la siguiente expresión: "los niños que han visto escenas hostiles se comportan de forma mas violenta posterior a la proyección, con seres humanos y con objetos inanimados".[67] En forma paralela, se recalca que determinados comportamientos violentos en el mundo real tienen su base en la programación violenta de la televisión y el cine. Otras conclusiones de las precitadas investigaciones son que los niños(as):

1. Pueden inmunizarse al horror de la violencia.

2. Gradualmente aceptar la violencia como medio para resolver situaciones conflictivas.

---

[64] Idem., p. 6.

[65] Idem., p. 7.

[66] Idem., p. 7.

[67] Idem., p. 7

3. Modelar la violencia que observan en la televisión y el cine.

4. Identificarse con personajes del medio televisivo o el cine, ya sean víctimas o agresores. [68]

Al respecto Rojas Marcos, profesor de Psiquiatría de la Universidad de Nueva York, incorporó el denominado "síndrome del mundo malo", el cual promueve una visión exagerada de los peligros de la vida y una significativa insensibilización general con relación a la violencia de la vida real. Lo cual se traduce en una conducta más tolerante a la violencia en la familia, comunidad y sociedad. Por otro lado, otros estudios apuntan la presencia de predisposición del ser humano hacia la violencia y las escenas violentas de la televisión y el cine activan la misma[69].

La autora de la ponencia citada señala claramente que la televisión y el cine no son los medios exclusivos incitadores de la violencia social. Existen otros medios como canciones de rockeras, los videoclips, videojuegos, Internet y celulares.[70]. También destaca el papel del hogar en la conducta violenta del niño y posteriormente en su vida adulta. Si los padres tienen un comportamiento violento, el clima familiar induce comportamiento violento en los hijos.[71]

Finalmente, las conclusiones más relevantes de esta ponencia son las siguientes:

1. Los padres no tienen tiempo o el deseo de acompañar a sus hijos a contemplar las escenas televisivas para controlar lo que sus hijos o hijas observan en la televisión.

---

[68] Idem., p. 8.

[69] Idem., p. 8.

[70] Idem., p. 12.

[71] Idem., p. 12.

2. La televisión actúa generalmente como niñera electrónica y primer agente educador desde las primeras etapas de la infancia [ahora en el siglo XXI la Internet].

3. La solución más plausible para mitigar y/o eliminar la violencia en los medios masivos de comunicación es la autorregulación: que sean los propios medios de comunicación los que acuerden conscientemente adoptar una escala de valores para evaluar los contenidos violentos presentes en sus informaciones, programas y emisiones cinematográficas.

Alfaro (2010)[72], expresa "...los medios televisivos refuerzan patrones culturales como el consumismo, la autoestima, el machismo y la violencia justificada...""[73] También postula este autor la existencia de una conexión entre la violencia televisiva y actitudes en la realidad.[74] Converge este autor con López (2001) en la aportación significativa de la violencia intrafamiliar y maltrato infantil como una variable causal y predictor en la conducta violenta del niño y adolescente y posteriormente en su adultez. Expresa, además, que es en el núcleo familiar el contexto donde se replican antivalores que involucran a los hijos y los replican en la escuela, comunidad y sociedad. [75]

Las alternativas sugeridas por Alfaro (2010) para una difusión mediática de los medios masivos de comunicación son las siguientes: (a) a mediano y/o largo plazo, los medios de comunicación tienen que responder a nuevas demandas de la sociedad con una programación propiciadora de valores sociales: tolerancia, amor al prójimo, la vida buena y respeto a la Carta de Derechos del Ser Humano: atacar los antivalores que por tanto tiempo los medios de comunicación social han promulgado, (b) el Sistema Educativo debe iniciar un diálogo con

---

[72] Marco Antonio Alfaro Ventura, *La optimización de los resultados de la reforma educativa para enfrentar la violencia escolar mediante la utilización de la televisión*, Disertación de Maestría Universidad de San Martin de Porres, Perú, 2010.

[73] Idem., p. 82.

[74] Idem., p. 85.

[75] Idem., p. 83.

los medio de comunicación social para diseñar en conjunto políticas de difusión de mensajes televisivos acordes a la filosofía educativa y objetivos del programa de educación en valores, de suerte que las empresas mediáticas serán una escuela paralela al sistema educativo y (c) la educación de valores para la convivencia en paz y armonía entre los seres humanos es una tarea que compete a la familia, la iglesia, la radio, la prensa escrita, las figuras públicas y los políticos.[76]

Con respecto a las sugerencias previas de Alfaro, Padilla cit. por Alfaro,[77] manifestó la falta de voluntad de los medios de comunicación de autorregularse debido a los intereses económicos y egoistas del ser humano. Por lo tanto, es necesario que se conformen políticas públicas del Estado para cumplir con la regulación mediática. Además los resultados de una gran mayoría de investigaciones sugieren:

1. Que los medios de comunicación masiva social pueden generar una cosecha positiva por el efecto que estos tienen, en particular la televisión.

2. La tecnología ha permitido mejorar su calidad técnica.

3. Los medios de comunicación masiva social adoptan un mayor compromiso cuando existen políticas Públicas del Estado.

4. Los medios de comunicación social se concientizan de los beneficios de una programación adecuada libre de elementos violentos.

5. Es necesario desarrollar alianzas con los medios de comunicación social sin imponer ordenanzas y/o leyes.

---

[76] Idem., p. 87-88.

[77] Idem., p. 76.

6. Enfocar el proceso educativo como un proyecto nacional, donde se armonicen escuela, familia, comunidad, sociedad y medios de comunicación social.[78]

En la misma línea de pensamiento Rivera (2011)[79], responsabiliza a los medios de comunicación social como principal catalizador de la violencia institucionalizada en la sociedad. Los medios presentan la violencia como un asunto cotidiano, inmediato y frecuente. Los niños, niñas y adolescentes están continuamente expuestos a altos niveles de violencia televisiva mediante películas, canales de música, videojuegos, mensajes al celular y dibujos animados.[80] La autora precitada indica la existencia de varios estudios, los cuales sugieren que la exposición a actos violentos está fuertemente correlacionada con la probabilidad de involucrar al usuario en comportamientos agresivos y violentos.[81]

La Dra. Rivera[82] cita un estudio longitudinal, comenzado en 1977, plasmado en la revista *Developmental Psychology* de la American Psychological Association (APA) del año 1997, realizado por la Universidad de Michigan con el fin de auscultar los efectos de la exposición a la televisión en niños y niñas entre las edades de seis a 10 años con una muestra de 557. Los resultados indicaron la siguiente conclusión:

1. Los niños y niñas observadores de programas de televisión violentos se identifican con los personajes agresivos del mismo género y la percepción de éstos está vinculado a su capacidad para ser agresivos en su adolescencia y adultez, independientemente de su estado social, la agresividad de los padres y el estilo de crianza de su padre o madre.[83]

---

[78] Idem., p. 76-77.

[79] Op. cit.

[80] Idem., p. 44.

[81] Idem., p. 44.

[82] Op. cit., p. 44.

[83] Idem., p. 44-45.

Los investigadores del estudio longitudinal antes mencionado continuaron el estudio donde se entrevistaron a 329 niños y niñas entre las edades de seis a diez anos de los 557 niños y niñas originales. Estos ya con 20 años de edad.[84] Los resultados indicaron que:

1. Los varones expuestos a programas violentos desde su niñez eran tres veces más propensos a empujar a sus esposas, a responder a un insulto empujando a otra persona, a ser convicto por crímenes y a cometer infracciones a la ley de tránsito en comparación con los demás varones.

2. Las mujeres eran tres veces más propensas a tirar objetos a sus esposos o a responder contra una persona que le causará molestia empujándola o golpeándola, a cometer actos criminales o a una infracción de transito.

Asimismo el examen de la literatura revisada, bastante exhaustiva, por Rivera reflejo que en los pasados cuarenta anos más de 3,500 estudios de investigaciones sobre los efectos de la violencia televisiva realizados en los Estados Unidos de América; durante la década de 1990 sostienen consistentemente la relación causal entre observar los contenidos violentos de la programación televisiva con los comportamiento violentos de los televidentes[85]. Esta relación causal se torna más grave con el informe de1991del *Centers for Disease Control,* el cual consignó la violencia televisiva como una enfermedad de riesgo publico.[86] De igual manera, la *American Psychological Association (APA)* en su estudio de 1992, constató los resultados de los estudios previos sobre el efecto de los medios masivos de comunicación en la contribución de conductas y actitudes agresivas y desensibilización y el miedo.[87]

---

[84] Idem., p. 45.

[85] Idem., p. 45.

[86] Idem., p. 45.

[87] Idem., p. 46.

En la misma línea de pensamiento Ramos (2008)[88] informó que la influencia de los medios de comunicación, especialmente la televisión, constituye un factor de educación de ingente importancia en el proceso de aprendizaje de los niños y adolescentes. También expresó la existencia de relación causal entre las imágenes transmitidas por la televisión, el cine, los videojuegos o los videoclips con la inducción a la violencia en los niños y adolescentes y a modelar dichos comportamientos.[89]

No obstante, otros estudios sostienen una posición diametralmente opuesta a los previamente citados. Estos estudios plantean la posibilidad de la ausencia de relación causal entre las presentación de contendidos violentos en los medios y las respuestas violentas en el público. Lo cual no es la causa de su comportamiento agresivo. Mas bien el efecto de las imágenes de violencia refuerzan los niveles de violencia que los espectadores poseen de antemano. Y que las causas de la violencia en los seres humanos son producto de sus valores sociales y culturales, las características de la personalidad, la influencia del núcleo familiar, entre otros.[90] Precisamente más adelante vamos a dilucidar sobre las variables familiares asociadas con al conducta violenta en adolescentes. Además Loscertales y Núñez cit. por Ramos (2008), señalan otros factores propiciadores a la que una escena induzca significativamente en el espectador una conducta violenta, por ejemplo cuando el personaje atractivo o héroe realiza acciones violentas y es recompensado por las mismas y en un entorno humorístico: esto promueve en el espectador una actitud positiva con relación al personaje principal y adoptar la visión de que esa es la realidad.[91]

Resultados de investigación desarrolladas por Goldstein 1990; Ovejero, 1998 y Scandroglio, 2004 cit por Ramos (2008), subrayan

---

[88] Manuela Jesus Ramos Corpas, *Violencia y victimización en Adolescentes escolares*, España, Universidad Pablo de Olavide, 2008, p. 109.

[89] Idem., p. 109.

[90] Idem., p. 46.

[91] Idem., p. 104.

la existencia de dos procesos de los medios de comunicación en la conducta agresiva del público, estos son:

1. El aprendizaje e imitación de conducta agresivas derivadas de las escenas de los medios de comunicación.

2. La desensibilización ante la violencia reflejada por los medios de comunicación social y la reducción significativa de la empatía respecto a las victimas o acosados.[92]

Otra causal del acoso escolar es producto de la red social internacional Internet. La cual tiende a visualizar sus efectos sociales en la etapa final del siglo XX y los inicios del siglo XXI: con las denominadas Nuevas Tecnologías, celulares, comunicaciones y ordenadores, la nanotecnología, los dispositivos llamados inteligentes y el mundo virtual. [93]. Aunque estas novedosas tecnologías son elementos fundamentales en los profundos avances a innumerables efectos en diversas áreas de la vida del ser humano, con el supuesto objetivo de mejorar su calidad de vida.[94] Sin embargo, la otra cara de la moneda, refleja que a mayor tecnología no significa necesariamente una mejor calidad de vida: lo que si significa es un nuevo paradigma social de naturaleza virtual o impersonal en el cual el ser humano es un ente consumista y necesario para el mantenimiento de las corporaciones e industria a nivel globalizado. Fines que se alcanzan por cualquier medio.[95]

Un aspecto muy significativo del acoso escolar, según planteado por Rivera[96], concierne al conocimiento explicito de las autoridades escolares sobre los eventos de acoso escolar en el núcleo escolar. Sin embargo, aparentemente éstos permiten cierto grado de permisividad e indiferencia con relación al acoso escolar. Lo cual puede conllevar a consecuencias

---

[92] Idem., p. 109.

[93] Patricia Trujano Ruiz, et. al. "Violencia en Internet: Nuevas victimas, nuevos retos", *Liberabit: Revista de Psicología,* vol. 15, núm. 1, 2009, p. 2.

[94] Idem., p. 2.

[95] Idem., p. 2.

[96] Op. cit. Rivera (2011), p. 51.

negativas tanto para el acosador, acosadas y toda la cultura-social y de convivencia del plantel escolar. Una posible explicación de esta indiferencia, de acuerdo a Viscardi cit. por Rivera[97], es percibir los eventos de acoso escolar como un fenómeno "natural" y habitual entre los jóvenes.[98]

Ramos (2008)[99], puntualizó las variables familiares vinculadas con la conducta violenta en adolescentes, las mismas están contenidas en el Anejo E. Del mismo, se desprende claramente que un clima familiar con dichas características constituye un factor directamente relacionado con los problemas de conducta en niños, niñas y adolescentes. Afirmación confirmada por las siguientes investigaciones: Casa, 1998, Dekovic et. al, 2004 y Navarro et. al., 2007, cit. por Ramos[100].

Una modalidad de acoso escolar producto de la tecnología a finales del siglo XX e inicios el siglo XXI es *cyberbullying,* ciberacoso o acoso virtual. Tipo de violencia emergente en forma acelerada y significativa en todas las áreas de la sociedad, especialmente entre los jóvenes y ambiente escolar. Precisamente en el próximo apartado discutiremos y analizaremos dicho tema.

2.2.4 Cyberbullying o acoso virtual

La red o Internet aun con sus virtudes tiene como toda tecnología su lado obscuro, no por su propia acción, sino por los que la controlan: el ser humano. El Internet ha propiciado una nueva cultura la cibercultura, "la cual está conectada constantemente, es instantánea, siempre interactuando de alguna forma y creando enlaces Inteligentes".[101] En el lado obscuro de la Internet esta la violencia. La cual en la red puede ser física, psicológica, sexual, económica y social: modalidades presentadas en diversos escenarios controlados por grupos, individuos

---

[97] Idem., p. 51.

[98] Idem., p. 51.

[99] Manuel José Ramos Corpas, *Violencia y victimización en adolescentes escolares,* Tesis Doctoral publicada, España, Universidad Pablo de Olavide, 2008, p. 104.

[100] Idem., p. 104.

[101] Kerckhove cit. por Ruiz (2009).

o instituciones actuando en el anonimato.[102] Un tipo de violencia generado por la Internet es el acoso virtual o "cyberbullying".

El acoso virtual o *cyberbullying* o ciberacoso se define como" el uso y difusión de información lesiva o difamatoria en forma electrónica a través de medio de comunicación como el correo electrónico, correo instantáneo, celulares y las redes sociales"[103]. Otra definición de cyberbullying es la expresada por Ruiz (2009), "Es la conducta repetitiva de acercarse para amenazar a una persona por medio de las herramientas de Internet: es decir, mails, chats, tableros de foros, blogs, mensajes instantáneos, etc."[104] El acoso virtual se identifica por las características resumidas en la tabla número siete (7), presentada a continuación. Se subraya en la mencionada tabla como este tipo de violencia entre estudiantes no tiene fronteras: se puede desarrollar en cualquier lugar del planeta.

Tabla 7 – Características del acoso virtual

Características	Significado
1. Situación de acoso a través del tiempo.	Constituyen acción frecuentes y con serios efectos para el acosado.
2. Victimas y acosadores de la misma edad.	Los involucrados son pares.
3. Acosado y acosador se relacionan en el mundo físico.	Es condición necesaria que los afectados hayan tenido alguna relación previa en el mundo real y luego en el mundo virtual se de la situación de acoso.
4. Medio utilizado para realizar el acoso tecnológico.	Puede ser Internet, celular, redes sociales o plataformas de difusión.

Fuente: Adaptado por el Investigador del Instituto Nacional de Tecnologías de la Comunicación (2009).

---

[102] Idem., p. 3.

[103] Instituto Nacional de Tecnologías de la Comunicación, *Guía legal sobre Ciberbullying y Grooming,* España, Observatorio de la Seguridad de la Información: Área Jurídica de la Seguridad y las TIC, 2009, p. 3.

[104] Op. cit. Ruiz (2009), p. 8.

En la tabla ocho (8) presentamos las vías principales del acoso virtual. Se destaca en la tabla de referencia las formas de acoso virtual en función del instrumento tecnológico utilizado. Es singular el uso de celulares para iniciar el acoso virtual.

Tabla 8 – Principales medios del acoso virtual

Medios Tecnológicos	Contenido
1. Contacto electrónico.	Constituyen programas de mensajerías instantáneas, chats públicos, foros de discusión y correo electrónico.
2. Teléfonos móviles multimedia.	Celulares con cámaras móviles capaz de captar imágenes en formato digital y enviarlas inmediatamente a todos los contactos con el fin de difundir una imagen lesiva contra un menor a un gran numero de personas.
3. Plataformas online de difusión de contenidos.	Estas permiten la publicación de videos o imágenes fijas y ser observadas por millones de personas en el mundo. Logrando que el efecto dañino buscado por el acosador conlleve un mayor impacto.
4. Redes sociales.	Debido al alto grado de difusión y variabilidad de las redes sociales y la posibilidad de publicar fotografías y videos convierten este tipo de plataforma en un medio excelente para acosar.

Fuente: Instituto Nacional de Tecnologías de la Comunicación (2009).

Datos estadísticos productos del Estudio sobre riesgos de los teléfonos móviles para los menores[105] publicado por INTENCO

---

[105] Instituto Nacional de Tecnologías de la Comunicación, Estudio sobre riesgos de los teléfonos móviles para los menores, España, Observatorio de la Seguridad de la Información: Área Jurídica de la Seguridad y las TIC, 2009, p. 65-55.

(Instituto Nacional de Tecnologías de la Comunicación) con una muestra de menores (n= 322) reveló que el 5.9 por ciento de los menores entrevistados respondieron en la afirmativa el recibimiento de mensajes o llamadas de otros menores; un 5 por ciento declaró haber usado el celular para enviar mensajes o llamadas ofensivos contra otro ser humano. En todos estos casos la incidencia directa más alta fue entre los adolescentes de 15 a 16 años de edad, respectivamente. Además el referido estudio puntualiza que un 12.4 por ciento de los menores entrevistados conocen a una persona de su ambiente escolar o privado victima del Cyberbullying y un 12.7 por ciento tiene conocimiento sobre alguna menor conocida que ha enviado mensajes o llamadas ofensivos a otros seres humanos.

Otra investigación paralela realizada por la Universidad de Mallorca donde se entrevistaron 1,8926 adolescentes de entre las edades de 13 y 16 años de edad sobre insultos a través de la Internet concluyo que:

1. Un 23.5 por ciento de los consultados fue insultado a través de las paginas web, por lo menos una o dos veces a la semana.

2. Del 23.5 por ciento un 6.6 por ciento de los jóvenes que es insultado una vez cada semana o varias veces a la semana es víctima de: (a) burlas mediante el móvil (7.7 por ciento), (b) identidad suplantada en chats (10.5 por ciento), (c) amenazado mediante el MSN Messenger (7.3 por ciento), (d) divulgación de videos ofensivos por email (1.2 por ciento), (e) exposición de fotos indiscretas (6.6 por ciento) y (f) rumores y falsedades difundidas sobre las victimas (7.4 por ciento).[106]

Los resultados de este estudio sugieren las siguientes tendencias, a saber: (a) el ciberacoso es un evento más frecuente en el género masculino en comparación con el femenino, (b) se da la impresión de relación causal entre el autoconcepto, se perciben

---

[106] Palma Mar Ferragut, "Uno de cada cuatro alumnos de ESO sufre insultos en páginas web", *DiariodeMallorca.com"*, Domingo, 28 de junio de 2009, p. 1.

negativamente, de cada educando y su papel como victima, y (c) el lugar de nacimiento no guarda relación con su acosador o acosado.[107]

De este análisis crítico surge la siguiente pregunta ¿Cuál es la justificación para que los menores acosados y acosadores están empleados medios tecnológicos, especialmente Internet, para realizar el cyberbullying? En términos de la INTECO, el elemento principal justificador del ciberacoso mediante Internet es la sensación de anonimato que otorga la red a sus usuarios.[108] Sin embargo, la INTECO destaca al igual que otras autoridades en el tema de las tecnologías de la comunicación e informática que existen medios tecnológicos suficientes para determinar el lugar exacto y el dispositivo informático desde donde se realizó el presunto delito.[109]

En el próximo apartado discutiremos y analizaremos el acoso escolar en tres dimensiones espacio y tiempo y a nivel globalizado. Se utilizó como muestra los países donde el acoso escolar ha sido más estudiado, organizaciones mundiales de prestigio que han estudiado el tema como la UNESCO y autores duchos en el tema; a nivel internacional, estatal, los Estados Unidos de América y a nivel local, el Estado Libre Asociado de Puerto Rico.

2.3 El acoso escolar a nivel internacional, estatal y local

2.3.1 El acoso escolar a nivel internacional

Cerezo (2006)[110] desarrolló una prueba normalizada, denominada, El *Test Bull-S*, para detectar a temprana edad, siete años, el bullying. Instrumento cuyo propósito era diseñar programas de intervención contra el acoso escolar, diseñado en España. Se presenta

---

[107] Idem., p. 1.

[108] Op. cit. INTECO, p. 8.

[109] Idem., p. 8.

[110] Fuensanta Cerezo, *Violencia y victimización entre escolares: El bullying estrategias de identificación y elementos para la intervención a través del Test Bull-S*, España, Universidad de Murcia, Departamento de Psicología Evolutiva y de la Educación, 2006, p.1.

este instrumento como un medio para informar sobre la realidad social y afectiva del grupo del salón de clases, la interrelación entre los actores del acoso escolar y sus características. Esta prueba se diseñó para cumplir con tres objetivos, a saber: (a) facilitar el análisis de las características socio-afectivas de los pares, (b) colaborar con los educadores en la identificación de eventos de acoso escolar entre escolares y (c) avanzar en la preparación de propuestas de intervención contra el acoso escolar.[111]

El *Test Bull-S*, cuestionario de aplicación colectiva, está compuesto por 15 aseveraciones en torno a tres categorías de información: examen de la estructura interna del aula, características vinculadas a los sujetos implicados en el acoso escolar y aspectos situacionales en la escala Likert. Consta de dos formas, la A, para educandos entre 7 y 16 anos (Nivel primario y secundario) y la B, para los educadores. El índice alfa de Cronbach para N= 322 fue de .73 para las variables relativas a agresión y victimización. El análisis de validación factorial entre los indicadores usando la rotación Varimax explicó el 75.6% de la varianza total e identificó dos componentes polarizados: uno compuesto por Cobardía, Victimización y Tenerle Manía (con valores promedio de .86) y otro grupo que agrupaba: Fortaleza física, Provocar y Agresividad (con valores promedio de .84).[112] En el Anejo F, se incluye el *BULL-S TEST DE EVALUACION DE LA AGRESIVIDAD ENTRE ESCOLARES- FORMA A: ALUMNOS.*

Se desprende de esta prueba, según su autor, que la evaluación consta de dos enfoques: una individual y otra grupal. La primera recopila datos sobre: (a) aspectos personales de los sujetos implicados, (b) aspectos académicos, (c) nivel de indefensión/agresión y valoración cultural, (d) relaciones interpersonales, (e) apreciación del entorno familiar y (f) valoración del entorno escolar En el segundo grupo se incluye: (a) identificación de los sujetos directamente implicados y en situaciones de riesgos, (b) análisis sicométrico del grupo, configuración de los grupos de afinidad y lugar que ocupan los alumnos implicados, (c) evaluación del grupo con relación a los alumnos implicados, (d)

---

[111] Idem., p. 334.

[112] Idem., p. 341.

forma, frecuencia y lugares habituales de la agresión y (e) percepción de la gravedad y/o seguridad en el centro.[113]

Es menester mencionar el cuestionario más significativo sobre el acoso escolar, actitudinal, fue el de Olweus cit. por Nuñez et. al. titulado *Cuestionario sobre agresores y victimas (Bully /Victim Questionare)[114]*. El mismo fue utilizado en uno de los primeros estudio sobre la conducta de acoso y su peligrosidad en el ambiente escolar.[115] La muestra estuvo constituida de 130,000 alumnos de escuelas noruegas realizado por Olweus en el 1998. En un segundo estudio se trabajo con una muestra de 17,000 suecos. Luego un tercer estudio de naturaleza longitudinal realizado durante diez anos con una muestra de seguimiento de 900 educandos de Estocolmo.[116]

Las conclusiones productos de estas investigaciones fueron las siguientes:

1. Los problemas de acoso escolar aumentaron significativamente de los años 80 a los 90. Conclusión avalada por otros estudios (Cfr. Cerezo cit. por Nuñez, 2006).[117]

2. Las niñas sufren más acoso escolar indirecto mientras que los niños más directo, en la diversidad de violencia.

3. Los educadores reacios a implicarse en la solución o mediación de los problemas del acoso escolar.

4. La participación de los profesores para solucionar el problema del acoso escolar es vital.

---

[113] Idem., p. 338.

[114] Carmen Nuñez Gaitán et. al., ""Diez referencias destacadas acerca de acoso escolar", *Anuario de Psicología Clínica de la Salud,* vol. 2, 2006, p.2.

[115] Idem., p. 36.

[116] Idem., p. 36.

[117] Idem., p. 36.

5. Los padres tienen una pobre conciencia de si sus hijos son victimas del acoso escolar en la escuela. Por otra parte, si es un padre de un agresor éste tiene menos conciencia.

6. Se confirma que el lugar de mayor frecuencia de acoso escolar es en la escuela.

Otras conclusiones de este estudio es lo relativo a las características que con mayor frecuencia se vinculan con el problema de acoso escolar, es decir la caracterización de forma general del acosador, acosado y el contexto donde acontece el bullying. Las conclusiones al respecto fueron las siguientes:

1. La estabilidad temporal del agresor. Esto significa que el niño agresivo lo será durante el tiempo si no se mitiga dicha conducta.

2. De igual forma, el niño víctima de acoso lo será a través del tiempo y con las consecuencias negativas productos de dicho acoso las cuales se tornan más peligrosas.[118]

Las determinaciones derivadas de este estudio realizado por Olweus cit. por Nuñez (2006)[119], constituyeron la base para comprender las variables de riesgos o condiciones presenten en el acoso escolar: con el propósito de modificar las que son susceptibles de modificación. Nuñez (2006)[120] desarrolló un estudio para la planificación de un programa de intervención contra el acoso escolar. El mismo tenía como propósito fundamental eliminar o reducir, hasta el máximo posible, los problemas de matonismo (conducta del ser humano que quiere imponer su voluntad mediante la amenaza o el terror) y evitar el génesis de otros. En primer lugar, como condición inicial, concienciar e involucrar a los padres de las existencias del acoso escolar en la escuela. El programa de intervención tiene como pilar el uso del entorno social compuesto por: profesores, personal no docente y administradores, padres y

---

[118] Idem., p. 37

[119] Idem., p. 37

[120] Idem., p. 38.

educandos. La función de éstos es la restructuración de la cultura social en la escuela; mientras que los expertos, psicólogos y asesores, es planificar, coordinar y encauzar las actividades programadas. Estas incluyen modificación de actitudes en los padres, maestros y estudiantes, implantación de normas de conducta antiagresivas en fuera y dentro del aula y medidas a nivel individual para modificar la conducta o situación particular de los educandos.[121]

El autor de la investigación antes reseñada evaluó el modelo de intervención contra acoso escolar. A tales efectos, se utilizó una muestra de 2,500 alumnos de 28 escuelas del nivel elemental y 14 de nivel secundario niños y niñas entre los 10 y 15 años de edad. Además, se recopiló información de 400 directores y educadores y 1,000 padres. Los datos se obtuvieron en diferentes momentos durante dos años. El modelo de intervención se implantó durante dos años.[122]

Las principales conclusiones del estudio evaluativo del modelo de intervención anti-acoso escolar fueron las siguientes:

1. Reducción en un 50 por ciento de los eventos de acoso escolar.

2. Las agresiones no se trasladaron fuera del ambiente escolar.

3. Reducción significativa general de la conducta antisocial (agresiones, vandalismo hurtos, entre otros).

4. Mejora en el clima escolar dentro y fuera del aula escolar.

5. Relaciones interpersonales entre los miembros de la comunidad escolar más positiva.

---

[121] Idem., p. 36-37.

[122] Idem., p. 38.

6. Mejor actitud de los estudiantes con relación a la escuela y el trabajo académico desarrollado en las clases.[123]

Aunque Nuñez consignó la constatación de los resultados del estudio realizado por Olweus por posteriores investigaciones. El estudio desarrollado por Olweus carece de una sección de metodología. Que dificulta replicar fielmente el mismo para su verificación con mayor certeza.[124]. Empero por el tipo de instrumento para recopilar datos se sugiere que utilizó un paradigma cuantitativo.

Un meta-estudio incluido en la obra de Núñez[125] fue el de Baldry y Farrington (2005)[126] dirigido a identificar los factores de riesgos y de protección predictores de situaciones de acoso escolar. A tales fines, los autores revisaron estudios sobre los factores de riesgo y protección (vinculados con el tipo de crianza) y las estrategias de afrontamiento de los adolescentes. Del estudio y análisis de los documentos revisados en el meta-estudio se derivaron las siguientes conclusiones:

1. Los factores de riesgo y protección asociados con el acoso escolar están relacionados con las características de socialización (especialmente en ambientes familiares disfuncionales, pobre control de los padres en sus hijos o hijas y poca participación de los padres en los asuntos escolares). Estos son predictores relevantes para pronosticar situaciones problemáticas en los jóvenes.

2. Los estilos de crianza autoritarios o permisivos son factores significativos propiciadores de violencia en los hijos o hijas.

---

[123] Idem., p. 38

[124] Idem., p. 38.

[125] Idem., p. 41.

[126] A.C. Baldry & D. Farrington, "Protective factors as moderators of risk factors in adolescence bullying", *Social Psychological of Education*, vol. 8, núm. 3 2005, p. 263-284.

3. Los padres de los agresores tienden utilizar un estilo de crianza basado en relaciones de poder y violencia (física y verbal).

4. El estilo de crianza de los acosados o victimarios se basan en relaciones dependientes y sobreprotectoras lo cual incide en jóvenes más vulnerables a convertirse en victimas o agresores.

5. Las estrategias para evitar o mitigar el acoso escolar son cuatro: las enfocadas centradas en el problema (modelos cognoscitivos o conductuales dirigidos a eliminar los incitadores productores de violencia), centradas en las emociones (encaminadas a reducir los sentimientos negativos inducidos por la situación estresante), la evitativa (estrategia que incluye la negación y evitación de pensamientos o conductas vinculadas con el pensamiento estresante) y la de aceptación, la cual consiste en una disociación psicológica de la situación promovedora de un rediseño cognoscitivo de la misma situación provocando que el afectado acepte la situación estresante.[127]

Al respecto, los autores del metaestudio, indican que si considera el acoso escolar como un evento estresante, los estudios sugieren que los jóvenes no involucrados en el acoso escolar desarrollan estrategias de afrontamiento para resolver los conflictos de manera constructiva y respetando los derechos humanos. Sin embargo los protagonistas principales del acoso escolar, acosador y acosado, se conducen de otra forma. El acosador utiliza estrategias enfocadas en la externalización de la agresividad y las acosadas estrategias de internalización de las emociones, evitando utilizar soluciones fundadas en la convivencia social.[128]

Fundamentado en el marco teórico previo, los autores antes citados, desarrollaron un estudio experimental con el fin de determinar

---

[127] Idem., p. 42.

[128] Idem., p. 42.

si el estilo de crianza de los padres promueve o no la agresividad en los niños o niñas. Para dichos fines, se seleccionó una muestra de 702 estudiantes procedentes de colegios de Roma (Italia). Los resultados del estudio arrojaron:

1. El 34.7 por ciento aceptó ser acosador escolar.

2. Un 17 por ciento admitió ser acosado.

3. Se determinó correlación positiva entre el estilo de crianza autoritaria (basadas en conductas agresivas y violentas) y la conducta de agresividad e intimidación de los hijos o hijas.

4. Se encontró correlación negativa entre el estilo de crianza democrático y conductas asociadas con la agresividad y el confrontamiento.

5. Con relación a los acosados, victimas, se determinó correlación positiva entre el estilo de crianza autoritario y afrontar el problema centrado en las emociones y la conducta de intimidación.[129]

Otra investigación significativa sobre al acoso escolar es la de Pellegrini & Long cit. por Nuñez (2006)[130]. La misma fue de naturaleza longitudinal cuantitativa y cualitativa con una duración de tres años (en quinto, sexto y séptimo grado), y diversos procedimientos metodológicos. La muestra estaba constituida por 154 alumnos y luego de tres anos se evaluaron 129 alumnos, un 83% de la muestra inicial. Los instrumentos para recopilar datos fueron: *Olweus' Seniors Bully Victim Questionnarie* para ser completados por los educandos; mientras que, los educadores completaron el *Teacher Check List* de Dodge y Coite cit. por Núñez (2006). Para la evaluación de los estudiantes de sexto y séptimo grado se utilizó la observación directa (durante 11 semanas

---

[129] Idem., p. 42.

[130] Op. Cit., p. 42

donde se evaluaba la agresión, victimización, cooperación y conducta antisocial). Los resultados de este estudio fueron los siguientes:

1. Durante la adolescencia temprana el acoso escolar se percibe como una conducta menos negativa por el grupo social, la cual la vinculan a cambios asociados en la jerarquía de dominancia social. Es decir, el acoso escolar se puede explicar como una forma necesaria para ingresar en el nuevo grupo social y ser aceptado.

2. Ser un acosador escolar constituye un elemento de prestigio para estar afiliado al grupo y ser valorado por el mismo y tener muchos amigos.

3. Los constructos agresión proactiva, acoso escolar y dominancia, a través del tiempo y el espacio, están asociados como elementos instrumentales y naturales utilizados para obtener dominio entre los pares y constituirse un miembro de un grupo. Además, se evidenció el uso de acoso escolar y la agresión como conductas positivas entre los pares y una vía para progresar en las fases tempranas de la adolescencia.

4. Los resultados demostraron incremento en el acoso escolar desde el quinto a sexto grado.

5. Los varones se sirvan con mayor frecuencia de la agresión y el acoso escolar en comparación con las féminas.

6. El acoso escolar en el nivel primario hasta la secundaria (intermedia) es una forma para fundamental la posición de dominio entre los compañeros del nuevo grupo social, y una vez establecida la posición social deseada disminuye el acoso escolar. Sin embargo, como secuela de las diversidad de resultados y ausencia de certeza con relación al papel que desempeña la estructura jerárquica de poder en el aumento o disminución del acoso escolar es recomendable examinar el mismo con mayor profundidad. Lo concluyente es: a) el acoso escolar es una estrategia usada en las fases

iniciales de la transición escolar para acaparar posiciones de dominación entre los pares y b) una vez establecida la dominación se sirven de herramientas prosociales y de cooperación como acciones para la consolidación de la posición social adquirida y c) existe más acoso escolar entre los estudiantes de los grados quinto y sexto, y lo opuesto entre sexto y séptimo grado.

Salmivalli et. al., cit. por Nuñez[131], desarrollaron, implantaron y evaluaron un programa de intervención contra el acoso escolar. El mismo dirigido por tres premisas: a) el papel desempañado por los sujetos en las conductas de acoso escolar debe considerase en la planificación de programas de intervención anti-acoso, b) planificación de un diseño longitudinal basado en tres eventos: el primero adquirir conocimiento sobre el acoso escolar (usando grupos focales); el segundo evento autorreflexión critica (grupos focales y *roles-playing*); y el tercer evento denominado compromiso anti-acoso usando *roles playing* y psicodrama: todos estos eventos se planifican a nivel individual, la clase y la escuela en su totalidad y c) evaluar el grado de implantación efectiva del programa de intervención.[132]

En el programa de intervención se seleccionó una muestra aleatoria de 48 clases procedentes de 16 colegios de Finlandia: un total de 1,220 alumnos fueron evaluados (600 niñas y 620 niños) matriculados en los grados cuarto, quinto y sexto. El programa de intervención se implantó en tres niveles a través del tiempo, 12 meses. La evaluación del programa fue en dos momentos: antes del comienzo del programa y posterior a la aplicación del programa.[133]

Los resultados reflejaron un impacto positivo del programa de intervención en el cuarto grado: se mitigo el acoso escolar y victimización. Sin embargo, en lo concerniente a la reducción de la victimización, los resultados fueron moderados donde el grado de implantación del

---

[131] Idem., p. 44.

[132] Idem., p. 44.

[133] Idem., p. 44.

programa de intervención fue pobre (entre 15% y 29% de efectividad) y muy altos en las escuelas donde la implantación del programa de intervención fue alta (entre 46% y 57% de efectividad). Aunque estos resultados sugieren efectividad del programa de intervención, los autores del estudio adoptan una actitud de cautela. Debido a investigaciones que sugieren una menor victimización con incremento en la edad. Por ende, estos resultados pueden ser resultado del grado de implantación del programa de intervención o es un resultado natural luego de evaluar a los sujetos.[134]

Sin embargo, a pesar de las dificultades conceptuales de este estudio, los resultados demuestran con gran certeza que los programas de intervención son más efectivos en los grados elementales. Es en las bases primarias de formación de los estudiantes donde se pueden producir cambios y resultados realmente positivos anti-acoso escolar y desarrollar actitudes contrarias a cualquier conducta agresiva en los escolares y podrían ser generalizables más fácilmente a otros contextos.[135]

Una investigación realizada en España por el Defensor del Pueblo y la UNICEF[136] (siglas en inglés, *United Nations Children's Funds*) con el fin de actualizar el estudio del 1999 sobre acoso escolar. El estudio del 1999, fue un estudio epidemiológico a nivel nacional sobre la frecuencia de acoso escolar entre iguales en las escuelas españolas de educación primaria. Posterior a la implantación de un programa de intervención anti-acoso.

El estudio actualizado consistió de una muestra constituida por 3,000 estudiantes de 300 centros escolares seleccionados en función de tres criterios: contexto (urbano-rural); tipo de escuela (publica-privada) y distribución proporcional en las diferentes comunidades autónomas. De cada escuela se seleccionaron al azar dos estudiantes, un varón y

---

[134] Idem., p. 44.

[135] Ídem., p. 44.

[136] Defensor del pueblo y la UNICEF, *Violencia escolar: El maltrato entre iguales en la educación secundaria obligatoria 1999-2006*, Nuevo estudio y actualización del Informe 2000, España, 2007, p. 1.

una hembra. Se seleccionaron dos estudiantes más en cada escuela para completar el número necesario de la muestra. También se recopilaron datos de las 300 jefas o jefes de estudios de los centros educativos seleccionados, que completaron de forma independiente otro cuestionario complementario al del educando.[137]

El cuestionario administrado a los estudiantes contenía preguntas sobre conductas de acoso escolar muy específicas, las cuales se agruparon en seis categorías: verbal, físico, de exclusión social, amenazas y acoso sexual. Cada categoría con un ejemplo de la conducta sobre el tipo de agresión (Véase tabla 9). Con la idea de evitar interpretaciones divergentes por parte de los alumnos sobre el tipo de agresión.[138] En el próximo apartado se significan los resultados del estudio.

Un resultado significativo del estudio fue en cuanto a las actitudes y la eficacia de las creencias sobre el acoso escolar, se exhibe un cambio sustancial de actitudes en todos los grados objeto de evaluación. El resultado más significativo, en este aspecto, fue con los espectadores (en cuarto grado) estos estudiantes reforzaban menos las conductas de los acosadores; mientras que en quinto grado se produjo una mayor defensa de los acosados.[139]

Asimismo, otro resultado fue que el efecto del programa de intervención está asociado al grado de implantación del mismo. Se observaron cambios reveladores y profundos en los resultados de la post-prueba, especialmente en las escuelas con un alto nivel de implantación del programa, en especial en cuarto grado, y menor en el quinto grado. Sin embargo, los resultados no arrojaron cambios significativos en las actitudes de los estudiantes participantes en el estudio con relación al acoso escolar. Situación que los investigadores no lograron explicar con claridad y certeza.

---

[137] Idem., p. 22.

[138] Idem., p. 24.

[139] Idem., p. 44.

Tabla 9 – Tipología de manifestaciones de acoso escolar entre iguales del estudio

Tipo de agresión	Ejemplos de conducta
Exclusión social	Ignorar y no dejar participar
Agresión verbal	Insultar, adjudicar, decir motes ofensivos, hablar mal de otro a sus espaldas y esconderle pertenencias al acosado.
Agresión física indirecta	Romperle pertenencias al acosado y robar efectos al acosado.
Agresión física directa	Pegarle
Amenazas	Propiciar miedo, obligar a hacer cosas con amenazas (chantaje)
Acoso sexual	Acosar sexualmente con actos o comentarios.

Fuente: Informe del Defensor del Pueblo – UNICEF (2000)

De este estudio los resultados más importantes fueron los siguientes:

1. Desde la perspectiva de los actores principales del acoso escolar: testigos, acosados o acosadores todos los eventos acontecieron en las escuelas de educación primaria publicas y privadas participantes en el estudio.

2. Se encontró que desde la perspectiva de las víctimas los tipos de a acoso escolar más frecuentes son los siguientes: agresión verbal en la modalidad de "insultos" o "recibir motes ofensivos" entre el 34.9% y el 38.5% de los(as) estudiantes; luego agresión física indirecta en la modalidad de "esconder cosas" con un 21.8% y la exclusión social, "ser ignorados" seleccionados con un 10.7% El 100% fue objeto de amenazas para intimidar. Con respecto a las agresiones físicas directas en el evento de "ser pegado" lo manifestó un 5% y las indirectas que "roben" o "rompan sus propiedades", por cientos de 4.4. y 7.3 respectivamente.

3. Desde el punto de vista del agresor, los datos demostraron que los tipos de agresión con mayores por cientos fueron los

siguientes: "exclusión social"", "agresión verbal", "agresión física indirecta" y "pegar".

4. Pertenecer a una comunidad escolar grande o pequeña no produjo cambios significativos en los resultados del estudio.

5. Se encontró diferencia entre las escuelas públicas y privadas y éstos últimos centros educativos registran mayores por cientos de acosados y acosadores en la conducta de "hablar mal a espaldas" de otros, así como mayores porcentajes de alumnos que ignoran y expresan motes ofensivos a los(as) compañeros(as).

Muñoz et. al., (2007)[140], realizaron un estudio exploratorio mixto: descriptivo-interpretativo de los discursos de los estudiantes sobre la relación con sus compañeros y descriptivo-analítico de las respuestas de una encuesta estructurada, basada en el cuestionario sobre *Abuso de Compañeros* de Fernández y Ortega cit por Muñoz et. al., (2007)[141]. Por ende, la metodología utilizada fue de naturaleza cualitativa y cuantitativa. El instrumento tenía doble propósito: recopilar información en torno a la percepción de violencia entre pares y la percepción de las victimas de intimidación y los victimarios. El objetivo del estudio fue conocer los significados que otorgan los alumnos jóvenes a la convivencia, el conflicto y la violencia entre pares en el núcleo escolar.

El espacio muestral estuvo constituido por 140 estudiantes de cuarto año de escuela superior cuya edad promedio era de 17 años: 58 hembras y 82 varones. La elección fue por su relación histórica con la escuela: no fue aleatoria. Además para profundizar en los aspectos

---

[140] María Teresa Muñoz Quezada et. al., "Percepciones y significados sobre la convivencia y violencia escolar de estudiantes de cuarto medio de un Liceo Municipal de Chile", *Revista de Pedagogía*, mayo-agosto, vol. 28, núm. 082, 2007, pp. 197-224.

[141] Idem., p. 204.

descriptivo-interpretativos, se realizaron dos entrevistas individuales a dos estudiantes, uno del género masculino y otro del femenino.[142]

En la revisión de literatura de la investigación, antes mencionada, se examinaron y analizaron dos temarios: definición de violencia escolar y la violencia en las escuelas. Conceptualizan la violencia escolar como toda situación de agresión, abuso o maltrato realizada por un ser humano o grupo. Categorizan la violencia como una conducta anti-natural, emergente desde un contexto social y es aprendida. Es así como se pueden identificar eventos violentos como: las bromas, la intimidación o acoso escolar, la discriminación y los juegos rudos en la escuela.

Por otra parte, la convivencia escolar se refiere a la interrelación entre los docentes, alumnos, directivos, personal no docente y padres de cada escuela. De hecho, la convivencia social es una construcción colectiva, y por lo tanto, conlleva una responsabilidad social. Esto implica que las causas o procesos relacionados con la convivencia social en la escuela son más profundos con los problemas vivenciados por el o los alumnos o la comunidad escolar, además, incluye compromisos valorativos, costumbres e interacciones de una cultura.[143]

Por ende, para mitigar la violencia escolar es esencial involucrar a toda la comunidad escolar incluyendo a todos los sectores aledaños a la escuela, y propiciar desde ese contexto una verdadera convivencia escolar para generar una interrelación positiva y constructiva entre todos los participantes.[144]

El segundo tema fue producto de la revisión y análisis de este estudio, la violencia escolar, se auscultaron innumerables estudios los cuales sugieren diversas variables significativas vinculadas con los conflictos entre los pares. El investigador Ruiz cit. por Muñoz et. al., (2007)[145], indica que la violencia en la escuela es una problemática

---

[142] Idem., p. 204.

[143] Idem., p. 201.

[144] Idem., p. 201.

[145] Idem., p. 201.

más allá del contexto educativo. Es parte de un contexto global tanto en la esfera política como cultural. En el ámbito político la sociedad están expuestas a estrategias y modelos políticos justificadores de la violencia como medio más efectivo para alcanzar fines, incluyendo la paz mundial.[146] Es decir, los fines justifican los medios. En la esfera cultural, los medios de comunicación social promueven en los televidentes una sensación de seguridad frente a los peligros de la vida real. También, estos medios generan estados psicológicos colectivos de inseguridad, los cuales pueden activar el uso y justificación de la violencia como medio de defensa antes eventos percibidos como peligrosas para el bienestar del ser humano y/o el grupo.[147]

Según una investigación realizada en los Estados Unidos de América con 1,229 estudiantes de 9 a13 anos. Se encontró que más de la mitad de los alumnos consultados han sufrido intimidación de sus pares. Además, se hace alusión que uno de cada cinco estudiantes de primaria y uno de diez estudiantes ha vivenciado intimidación o acoso escolar de parte de sus compañeros.[148]

Ramírez y Justicia cit. por Muñoz (2007)[149] estudiaron a 527 estudiantes de dos centros educativos del nivel elemental de la Ciudad de Cera, España, y constataron la presencia de comportamientos problemáticos y adaptativos en la convivencia escolar tanto para los acosadores como acosados, utilizando una metodología cuantitativa y uso de cuestionarios. De este estudio, se desprende en primera instancia el pobre aprovechamiento académico y la ausencia de disciplina en el aula. En segundo lugar, el surgimiento de conductas agresivas contra los pares y la falta de habilidades de comunicación en el grupo. Una vez más, se destaca la presencia de conductas desadaptativas y de agresión con respecto a las hembras. Además, el estudio reafirma, que las situaciones de agresión, maltrato y acoso

---

[146] Idem., p. 201.

[147] Idem., p. 201.

[148] Idem., p.201.

[149] Idem., 202.

escolar están vinculadas al clima de convivencia escolar negativo presente en los centros escolares.[150]

Con relación a las estrategias de intervención de las situaciones violentas en las escuelas, en una investigación desarrollada en dos escuelas de Santiago, Chile, con educadores y alumnos de sexto, séptimo y octavo, por Tamar cit. por Muñoz (2007)[151], se sugiere la importancia de implantar estrategias de resolución de conflictos por el componente docente. Cualquier programa de intervención con los profesores para trabajar con el acoso escolar debe tener un perfil individual del acosado y del acosador. Ya que no se puede intervenir con la misma estrategia para todos los alumnos: cada uno es un ser humano único y diferente.[152]

Los resultados de esta investigación fueron los siguientes:

1. Un 64% de los estudiantes encuestados manifestaron sentirse bien en la escuela; mientras que un 36% expresó no sentirse bien.

2. En cuanto al sentimiento de miedo de los estudiantes con relación al ambiente escolar, un 62% respondió que no ha sentido miedo y un 36.6% mencionó que ha sentido miedo en alguna ocasión.

3. Con respecto a la causa principal del miedo, más del 35% de los estudiantes participantes en el estudio perciben como factor principal el clima escolar conflictivo y de malestar.

4. Alrededor de un 36% informó sentirse rechazado o amenazado en algún momento por sus pares: ha sido víctima de violencia entre pares en la escuela. En las entrevistas individuales con los estudiantes, éstos manifestaron que la relación entre pares no es satisfactoria. Esbozan falta

---

[150] Idem., p. 202-203

[151] Idem., p. 203.

[152] Idem., p. 203.

de compañerismo, gangas, agresiones, donde lo más frecuente es burlarse y molestar a otros estudiantes: expresar comentarios dirigidos a lacear la integridad física y psicológica entre pares.

5. Un 34% de las varonas y un 38.5% de los varones mencionan que más de alguna vez se ha sentido amenazado. Además, de las entrevistas personalizadas, se deriva que las féminas están más aisladas o se les aplica "la ley del hielo", es decir las ignoran, se burlan de ellas; mientras que en los varones se da más la amenaza tanto física como psicológica.

6. Lo relativo a las causas del acoso escolar entre pares, la explicación de los estudiantes entrevistados al respecto fueron las siguientes: a) son producto del acoso de otros y se mantienen en un circulo vicioso de molestar de manera recíproca, b) a ciertos alumnos les gusta molestar y ser molestados, c) la discriminación como causa cuando la persona discriminada es diferente de lo esperado, d) la estigmatización y atribución negativa de parte de los maestros contra los alumnos que en alguna ocasión molesto o desordenó, impide el cambio conductual del educando y genera la denominada profecía auto-cumplida al percibir que sus pares lo estigmatizan, respondiendo según lo que los maestros ya espera que ejecuten.

7. En función de las prácticas de intimidación más utilizadas por los acosadores por género, el 10.3% de las mujeres les da lo mismo; por otra parte, un 26.8% de los varones se mantiene indiferente.

8. Según las mujeres, las prácticas de acoso escolar más utilizadas reconocidas por un 25% fue "Hablan de mí" y en los varones "Me insultan, se ríen de mí" indicado por un 20% de los varones.

9. Concerniente al significado del acoso escolar entre pares, los resultados producto de las entrevistas, los alumnos manifestaron que las burlas y las bromas constituyen violencia

psicológica, pero reconocen como natural y amistosa dicha violencia. También reconocen que las situaciones de acoso escolar está profundamente entrelazada con el clima escolar, con su entorno familiar y la sociedad.

10. Los varones son más acosadores, según un 73%, y las mujeres con un 43.1% de acosadoras.

11. Los estudiantes tanto varones como hembras entrevistados indicaron que los observadores de eventos de acoso escolar perciben el mismo como normal molestar a otro estudiante: 34.5% mujeres y 42.7% varones.

12. La actitud de los estudiantes consultados con respecto a los compañeros que acosan a otros, se encontró diferencias entre los que opinan las mujeres y los varones, para un 41.5% de los varones es normal el acoso contra otro estudiante. En cambio, a las mujeres les parece muy mal, para un 56.9%.

13. Tanto los estudiantes hembras como varones coinciden en indicar el aula como el lugar más asiduo de acoso escolar (55%).

14. Los estudiantes acosados, según un 90% de los consultados, indican que los acosados están en el propio salón de clases.

15. En entrevistas con los estudiantes éstos auto-cuestionan las conductas agresivas y violentas entre pares. Y recomiendan cambiar la conducta violenta por una conducta propositiva con relación a los demás seres humanos. Reconocen la escuela como un contorno propiciador de conductas violentas.

16. Los educandos entrevistados manifestaron estrategias para la solución de conflictos, a saber: diálogo e ignorar al acosador.

17. Un 65.5% de las mujeres y un 51.2% de los hombres intervienen para frenar un situación de acoso escolar.

Paredes et. al., (2008)[153], desarrollaron la primera investigación sobre el fenómeno del acoso escolar u hostigamiento entre pares en la ciudad de Cali, Colombia. El mismo fue un estudio exploratorio descriptivo cuantitativo. Se utilizó un cuestionario, habitual entre los investigadores para identificar acosadores y victimas en las escuelas, el cual respondieron estudiantes en forma anónima y administrado por los educadores. El cuestionario se diseñó por las investigadoras y se denominó *"Bullying-Cali"*. Se uso una prueba piloto para su construcción y se le administró a la población de dos de las escuelas participantes. Se determinó homogeneidad en el cuestionario para detectar la presencia de acosadores y de acosados en las escuelas, tanto publicas como privadas.[154]

La metodología del estudio consistió en la selección de una muestra no probabilística. Solamente participaron las escuelas interesadas y disponibles. La muestra quedó conformada por 14 escuelas (cuatro publicas y diez privadas). Los grados seleccionados fueron por consenso entre las investigadoras: sexto, séptimo y octavo grado. La encuesta se realizó durante los meses de octubre y noviembre de 2005 y febrero, marzo y abril de 2006. El cuestionario se aplicó a 2,542 estudiantes, 1,029 (40.47%) masculinos y 1,513 (59.52%) femeninas. Los datos se analizaron utilizando la versión 12 del paquete estadístico para ciencias sociales (SPSS para Windows).[155]

Los resultados del estudio fueron los siguientes:

1. La mayoría de los participantes se concentro entre las edades de 12 y 13 anos.

2. Más de la mitad son del género femenino.

---

[153] María Teresa Paredes et. al., "Estudio exploratorio sobre el fenómeno del "Bullying" en la ciudad de Cali, Colombia, *Revista Latinoamericana de Ciencias Sociales y Niñez*, vol.6, núm. 1, 2008, 295-315.

[154] Idem., p. 305.

[155] Idem., p. 305.

3. El grado escolar con el mayor número de estudiantes es sexto grado.

4. Un 43.6% de los encuestados respondió que en alguna ocasión había agredido de diferentes formas a un compañero o compañera.

5. Las formas frecuentes de agresión son ridiculizar, golpear, excluir y amenazar. De éstas con el mayor porcentaje de casos son: ridiculizar y golpear.

6. Las agresiones ocurren en presencia de otros estudiantes y/o profesores. Aunque, solamente 16.4% manifestó estar solo o sola al momento de la agresión.

7. El sentimiento posterior a la agresión, el 34.8% de los acosadores contestaron sentirse preocupados, un 32.5% sentirse satisfechos y 20.9% no identificaron ningún sentimiento posterior a la acción de agredir a otro estudiante.

8. En función de la frecuencia de la agresión, el 10.37% de los acosadores aceptó que actúa de esta forma "diariamente".

9. El 51.4% de los consultados expresó ser víctima de agresiones

10. La causa más frecuentes para agredir lo constituyó "desquitarse", con 6.1%

11. Las formas preferidas de agresión del agresor para solucionar el problema son las burlas y los apodos, que representan el 42.7%, mientras que solamente un 1.5% informó agresión con armas como: tijeras, reglas, etc.

12. El 52.0% indicó agresión por una persona y 48.0% por varias personas.

13. El lugar de la agresión es con mayor frecuencia, 45.4% en el salón de clases, seguido por un 13.9% en el patio de la escuela y en los pasillos con 11.3%

14. Un 27% manifestó que posterior a la agresión no comunica el acoso escolar a otra persona; mientras que un 19.25%, se lo expresa a un amigo y 15.8% al educador. Solamente, un 13.5% se lo comunica a un familiar.

15. No hay relación estadísticamente significativa entre ser agredido y la edad (p=0.506). De igual forma no existe relación entre ser acosado y que grado que este cursando el acosado (p=.546).

16. Existe relación estadísticamente significativa entre ser agredido con el género (p=0.000).

17. Existe relación entre del acosador y la edad (p=0.000), así como hay relación entre el acosador y el género (p=0.000).

18. No hay vinculación estadísticamente significativa entre ser acosador y el grado escolar que cursa,

19. Se encontró que existe una fuerte relación entre el acosado y ser una verdadera victima (p=0.0000).

20. El 10.8% de los frecuentes acosadores también informan que son acosados por lo menos una vez al mes.[156]

Estos resultados significaron las siguientes conclusiones:

1. La revisión de la literatura evidenció que el acoso escolar es una amenaza entre escolares en todo tipo de centro educativo y que su interés y reconocimiento obedece

---

[156] Idem., p. 308.

al vertiginoso y profundo avance de la Psicología, la Psiquiatría y la Pedagogía. Que ha permitido concienciar significativamente sobre los daños y las consecuencias, generalmente fatales, en este tipo de comportamiento.

2. En este estudio el porcentaje de acosados y acosadores es muy alto (24.7%). Esto implica un clima escolar muy pobre para un adecuado proceso de enseñanza y aprendizaje; y ausencia de un ambiente seguro para la sana convivencia base para el desarrollo emocional, social e intelectual de todos los estudiantes. Resultados que concuerden con la revisión de otros estudios sobre el acoso escolar presentados en esta investigación.

3. Esta investigación constata la dificultad de definir claramente el concepto acoso escolar. Es decir, la dificultad de encontrar un vocablo apropiado y comprensible en el idioma español con el fin de que los implicados y observadores del acoso escolar reconozcan el mismo: sin ambages.

4. Es evidente que aunque en Colombia existe una gran cantidad de estudios e intervenciones sobre violencia, el acoso escolar no se ha explorado como una variable importante que afecta la formación de los educandos de las instituciones educativas primarias y secundarias.

5. La forma más común de acoso escolar es la verbal, en su modalidad de ridiculizar o apodos. Tendencia trazada en otros estudios.

6. El acoso escolar ocurre delante de otros pares, y hasta adultos, en el aula escolar o los pasillos; lo cual, sugiere la existencia de otros compañeros, observadores, llamados acosadores pasivos, seguidores o secuaces por Olweus.

7. La permanencia de personas adultas de la escuela y no intervención en el evento de acoso escolar sugiere la

poca conciencia que éstas tienen de estar ante un tipo de interacción negativo y/o la aceptación de la agresión verbal como un medio efectivo y válido para relacionarse los estudiantes.

8. El fenómeno del acoso escolar existe en los centros educativos de Cali y presenta las particularidades propias del concepto definido por Olweus que consta de conducta repetitiva, diversas manifestaciones de agresión por compañeros y compañeras y la incapacidad del acosado para defenderse por sí mismo.

9. Se concluye, además, la poca participación de los docentes, padres y madres para contrarrestar el acoso escolar o apoyar al acosado. Esto da lugar a un acoso escolar más duradero, generalmente años, socavando la salud emocional del acosado y más detrimente la violación de los derechos humanos de todo ser humano: a ser un sujeto libre de cualquier tipo de opresión y humillación.

10. Es lamentable que en la actualidad, siglo XXI, el lugar destinado para la socialización, la educación y el aprendizaje de modelos, luego de la familia, la escuela, se convierta en un lugar de acoso escolar y por ende un clima escolar negativo.[157]

En la misma línea de pensamiento Veccia (2008)[158] et. al., investigaron la comprensión e interpretación del "*bullying*" desde la percepción de los docentes y personal auxiliar de un centro educativo de la CABA en Argentina. Utilizaron un paradigma cualitativo con el fin de producir un perfil de los contornos donde acontecía el maltrato entre pares. Además identificar las principales generadoras de pasividad y permisividad ante los eventos de acoso escolar en función

---

[157] Idem., 311.

[158] Teresa Ana Veccia et. al., "La percepción de la violencia entre pares en contextos escolares: Un estudio cualitativo, *Anuario de Investigaciones*, vol. XV, enero-diciembre de 2008, pp. 159-167.

de la percepción de la comunidad educativa.[159] En este paradigma se utilizaron dos técnicas para la recolección de información: la observación de campo y la entrevista en profundidad. Los temas medulares en torno a los cuales se centraban las entrevistas eran:

- Elección vocacional docente

- Clima escolar percibido por los participantes del estudio

- Percepción general del problema de la violencia escolar

- Percepción del fenómeno de maltrato entre niños (*Bullying*)

- Relaciones interpersonales intrainstitucionales

- Posibles soluciones[160]

A tales efectos, se propuso como objetivo general diseñar un instrumento para evaluar la prevalencia del maltrato entre iguales en contextos escolares: acoso escolar. Se redactaron cinco preguntas de investigación encaminadas a dirigir el estudio, las mismas son: (a) ¿Cómo perciben los adultos la violencia entre los niños en sus distintos niveles de responsabilidad?, (b) ¿Qué grado de implicaciones tienen en los hechos y situaciones de maltrato?, (c) ¿cómo influye la visión sobre el rol [papel] docente y la misión de la escuela en la percepción del problema?, (d) ¿cómo se perciben las relaciones interpersonales entre los distintos protagonistas de las situaciones sociales? y (e) ¿cuál es la opinión que tienen acerca de las posibles soluciones al problema?[161]

El espacio y tiempo donde se realizó el estudio exploratorio fue una escuela de un barrio al sur de la Ciudad Autónoma de Buenos Aires. Centro educativo constituido en su mayoría de inmigrantes especialmente de Perú, Bolivia, China y Corea, y un 30% de éstos

---

[159] Idem., p. 161.

[160] Idem., p. 164.

[161] Idem., p. 161.

64

residen en pensiones u hoteles subsidiados por el gobierno de la CABA. Los participantes de las entrevistas fueron 15 funcionarios escolares: el director, el vicerrector, cinco docentes de grado, cuatro profesores de áreas especiales y tres auxiliares no docentes. [162]

Los resultados de la investigación fueron los siguientes:[163]

1. Las respuestas más frecuentes sobre los motivos esgrimidos por los educadores y directivos sobre su elección por la carrera en el campo educativo son: tradición familiar, razones económicas y por género.

2. La visión de los docentes sobre su tarea se caracterizó por una percepción denigrada de su propio papel en un contexto donde el docente no puede esperar ninguna acción del alumno ni el alumno del profesor. Lo cual se traducía en dificultad para detectar eventos de maltrato entre los alumnos así como imposibilitar los recursos de los docentes para prevenir y solucionar tales eventos.

3. La percepción entre los participantes del estudio fue de naturaleza sana, no había conflictos entre los docentes y directivos; de igual forma entre padres y directivos. Aunque, una mayoría de los consultados coincidieron en indicar conductas agresivas de los padres contra los docentes y una profunda necesidad de los estudiantes a ser escuchados. Además, algunos docentes esbozaron dificultad de los estudiantes para reconocer la autoridad.

4. Una mayoría significativa de los participantes en el estudio coinciden en expresar un incremento de la violencia en los últimos años. Además convergen en percibir la violencia entre los estudiantes como una conducta natural. Por ende, no intervienen o ignoran las situaciones de violencia en su escuela.

---

[162] Idem., p. 162.

[163] Idem., p. 164.

5. La descripción de los tipos de maltrato, para la mayoría de los consultados, se destaca: la violencia de tipo verbal entre los pares como eventos naturales y frecuentes, los insultos, burlas y expresiones denigratorias.

6. Los participantes de la investigación describieron un incremento en la frecuencia de mujeres implicadas en el papel de agresor. Dato divergente con otros estudios.

7. Se coincide a caracterizar al estudiante agredido como seres humanos de culturas diferentes o con discapacidades físicas.

8. El contexto socio-cultural y la familia son los factores determinantes de las conductas agresivas entre los niños y niñas en el escenario educativo.

9. Los encuestados, en una mayoría significativa, perciben exigencias a la escuela y a la familia de funciones que van más allá de su papel en la sociedad.

10. Los participantes del estudio en conjunto coinciden en indicar los grupos de conversación con los niños como la estrategia más frecuente para enfrentar la violencia escolar. Aunque existe la percepción generalizada sobre la dificultad de producir cambios, con esta estrategia.

11. Los docentes destacan como herramienta para enfrentar la violencia escolar enseñar destrezas sociales a los estudiantes.

De acuerdo con el Portal de la Educación *EducarChile*, en Chile el aula es generalmente el escenario más frecuente de agresiones verbales, acoso, golpes y amenazas.[164] Ante este dato deslumbrante y aterrador, en el citado portal, se sugiere la implantación de programas

---

[164] EducarChile el Portal de la Educación, *El rol del docente en prevenir el bullying en la sala de clases*, Chile, 3 de abril de 2009, p. 1.

e iniciativas anti-*bullying* en el aula. En primer lugar, se advierte la inexistencia de una estrategia o actividad única milagrosa para reducir o eliminar el *bullying* entre estudiantes.[165]

Además, la planificación efectiva de programas y estrategias anti-*bullying,* demanda un análisis exhaustivo y holístico del contexto socio-cultural y las variables individuales de los estudiantes involucrados en el acoso escolar. Esto implica considerar factores como: la convivencia social, las características socio-demográficas y salubrista individuales de los educandos involucrados en el acoso escolar, aquilatar la dinámica de la interrelación en el salón de clases y conocer el contexto de la escuela. Este último factor es el más sensitivo, ya que el *bullying* está vinculado a la cultura escolar: es un fenómeno social más que individual. [166]

Es también recomendable, en el proceso de planificación, diseñar estrategias enfocadas a potenciar la responsabilidad individual y colectiva para solucionar conflictos de forma constructiva y autónoma. Asimismo, es indispensable utilizar multi-estrategias y diversificadas. Y sobre todo estrategias de naturaleza proactivas, las cuales están enfocadas a prevenir el acoso escolar.

En consecuencia, en el artículo citado, invitan a considerar los siguientes principios para la constitución de programas y/o proyectos contra el acoso escolar, los cuales son:

1. Dialogar con los estudiantes sobre el acoso escolar.

2. Establecer una política transparente de la posición institucional para enfrentar el acoso escolar.

3. Las estrategias y las actividades que el maestro seleccione o diseñe deben estar integradas a una planificación a nivel curricular. De suerte, que incluya los contenidos curriculares

---

[165] Idem., p. 4.

[166] Idem., p. 4.

que está enseñando y combinarlas en un plan de acción global involucrando a toda la comunidad escolar.

4. La participación es vital la participación de los padres y sus hijos en la planificación de proyectos anti-acoso escolar.

5. Debatir en el salón de clases sobre el acoso escolar; construir con los alumnos un código de conducta a nivel del salón de clases dirigido a no permitir acciones intimidatorias y fijando normas contras las agresiones y el acoso; comunicar a un familiar cuando el o la estudiante detecta y/o es víctima de acoso escolar; establecer un compromiso colectivo y concienciar a los alumnos que la solución del acoso escolar es tarea de todos; implantar el *círculo de amigos* o de apoyo, cuyo fin es construir relaciones interpersonales en torno a un estudiante que haya sido objeto de acoso escolar o el que ha sido identificado como vulnerable para ser un acocado y escribir una carta con la finalidad de provocar en el estudiantado empatía con relación al acosado, que puedan reflexionar sobre las consecuencias del acoso escolar en lo sentimientos, actitudes, conducta y vida del acosado, de igual forma con al acosador.[167]

Finalmente, se identificaron las competencias vitales a reforzar para prevenir y enfrentar el *bullying* en el papel de profesor y del alumno, ver Anejo H. Estas competencias consisten de principios medulares y comprobados para fortalecer la prevención del acoso escolar.[168]

En el mismo portal, antes citado, se presenta el artículo: *Cómo prevenir el bullying: La experiencia* de Inglaterra[169], en el mismo se describen y discuten las estrategias implantadas en el sistema educativo de Inglaterra para evitar el acoso escolar.

---

[167] Idem., p. 5.

[168] Citado en el Portal de la Educación EducarChile del 3 de abril de 2009, p. 5.

[169] Mariana Scott, *Cómo prevenir el bullying: La experiencia de Inglaterra*, EducarChile el Portal de la Educación, Chile, 3 de abril de 2009, p. 1.

Las políticas anti-acoso escolar y estrategias para prevenir y enfrentar el *bullying* fueron responsabilidad del Departamento para la Infancia, Colegios y Familia (DCSP, sigla en inglés), y la preparación de documentos, su divulgación y orientación. Además existen fundaciones sin fines de lucro con el fin de ofrecer orientación y colaborar ante situaciones de acoso escolar, entre las cuales matizan: *Anti-bullying Alliance*, *Kidscape*, *Beatbullying*, y *Cybermentors*.[170]

Las principales estrategias del gobierno de Gran Bretaña para encarar este problema se encuentran:

1. Celebración de la semana anti-acoso escolar. La primera semana nacional anti-acoso escolar se celebró en Noviembre de 2004. Todo el país se unió en esta campaña.

2. Firma de una carta anti-acoso escolar por parte de todas las escuelas. La misma es un compromiso voluntario para propiciar una comunidad escolar libre de acoso escolar. Es firmada por el rector(a), directorio y el consejo escolar. Una copia de esta carta es enviada a cada colegio con una sinopsis de las estrategias efectivas para ayudar a las escuelas diseñar sus políticas y estrategias anti-acoso escolar y evaluarlas.

3. Desarrollo de habilidades socioemocionales en la escuela. Como parte de la estrategia nacional para educación primaria, los británicos proveen a todas las escuelas con recursos para el desarrollo de destrezas sociales, y emocionales vitales en el aprendizaje efectivo de conductas positivas, asistencia a la escuela y el bienestar emocional de los componentes de la comunidad escolar: profesores, asistentes de profesores, personal administrativo, directivo, de apoyo y a la familia. El mismo se basa en un paradigma holístico. Se consideran cinco habilidades socioafectivas a desarrollar, encaminadas a ayudar al ser humano a auto-controlarse e interactuar en convivencia con sus semejantes: (a) auto-conciencia, (b)

---

[170] Idem., p. 1.

manejo de sentimientos, (c) motivación, (d) empatía y (e) habilidades sociales.[171]

Román y Murillo (2011)[172], concretizaron un estudio cuyo propósito fue determinar la relación entre violencia escolar, acoso escolar, y desempeño académico de educandos del nivel primario en dieciséis países de América Latina. Otro propósito fue estimar y analizar la magnitud de la violencia entre pares en las escuelas de los países participantes, con este fin se identificó los factores sociodemográficos que estudios posteriores vinculan con el acoso escolar.

El análisis de la revisión de los documentos pertinentes a este estudio reflejó las siguientes premisas:

1. Concuerdan los estudiosos del acoso escolar que en la década de 1970 Olweus fue la voz de alerta al denunciar el maltrato y los abusos como una práctica común entre pares en las escuelas noruegas.

2. Se denominó bullying (acoso escolar, intimidación, abuso, hostigamientos, maltrato escolar y victimización) a estos eventos frecuentes entre escolares.

3. Las investigaciones revisadas distinguen al menos tres protagonistas del acoso escolar: a) el acosador, b) el acosado y c) los estudiantes observadores con conocimiento del acoso escolar.

4. El acoso escolar responde a patrones culturales de dominio-sumisión emergentes entre iguales y en espacios de convivencia cotidiana: por ejemplo, la escuela.

5. Se han identificado y clasificado cuatro tipos de modalidad del acoso escolar: física, verbal, psicológica y social.

---

[171] Idem., p. 2.

[172] Marcela Román & F. Javier Murillo, "América Latina: Violencia entre estudiantes y desempeño escolar, "2011, Revista CEPAL, vol. 104, p. 37-

6. La globalización y magnitud de problema del acoso escolar y sus consecuencias en el desarrollo socioafectivo y cognitivo del estudiante, lo ubican necesariamente en un lugar prioritario al momento de analizar el clima y la convivencia escolar, variables claves para un proceso educativo efectivo y el desarrollo integral de los estudiantes.

7. Una nueva forma de acoso escolar es el denominado acoso cibernético mediante el cual se maltrata y denigra al educando mediante varias formas: teléfonos celulares, páginas web, blogs, redes sociales (Facebook, hi5, twitter) u otros medios compartidos utilizados por los escolares en internet.

8. El género y la edad están estrechamente vinculados en la frecuencia y magnitud con que se da el acoso escolar.

9. Los estudiantes varones están más involucrados en acoso escolar, físico; mientras que las féminas están entronizadas en el maltrato social y psicológico.

10. El acoso escolar disminuye a medida que aumenta el nivel de escolaridad.

11. De acuerdo con la Organización de Cooperación y Desarrollo Económico (OCDE, 2009) con relación a los países que lo componen, 34 países[173], se constata en promedio un 26% de estudiantes son acosados en el nivel primario y un 20% en el nivel intermedio y un 10% en la escuela superior.

12. En Australia, un 17.4% de los estudiantes de 7 a 9 años declaran ser acosados severos, y el 31% son acosados escolares en el nivel intermedio.

---

[173] Australia, Austria, Canadá, Chile, Finlandia, Francia, Alemania, Grecia, Japón, Corea, México, Polonia, España y los Estados Unidos de América, entre otros.

13. En América Latina los por cientos del acoso escolar fueron los siguientes, para el 2005: En Perú, la tasa de acoso escolar fue de 46%; en Chile de un 11% y en Argentina 32%

14. La principal agresión reconocida en América Latina fue: violencia verbal (gritos, burlas e insultos) con porcentajes entre 12% y un 14% en función del grado.

15. En los Estados Unidos de América, se encontró para el 2007, vinculación entre el acosado y deterioro psicológico y dificultades académicas en estudiante del quinto grado en las escuelas urbanas.

16. Luciano y Savage cit. por Román & Murillo[174] exploraron la relación entre victimización de alumnos canadienses del quinto grado, con y sin dificultades de aprendizaje, y sus secuelas a nivel cognitivo y de autopercepción en escuelas inclusivas. Los resultados sugieren que los estudiantes con dificultades de aprendizaje fueron acosados con mayor frecuencia que sus pares sin problemas de aprendizaje. Además, se demostró en el citado estudio, relación entre el acoso escolar con dificultades con el manejo social del lenguaje en los educandos acosados.

17. El estudio realizado por Skrzypiec cit. por Román & Murillo[175], con alrededor de 1,400 estudiantes de séptimo, octavo y noveno grado en escuelas primarias australianas se encontró que una tercera parte de los alumnos acosados manifestaban frecuentemente serios problemas de concentración y atención en clases: efectos del acoso escolar que son objeto de temor ligado a tal situación.

---

[174] Op. cit., p. 40

[175] Idem., p. 40.

18. En América Latina, los análisis realizados por la UNESCO Llece cit. por Román y Murillo[176], primer estudio internacional comparativo a nivel regional, arrojaron mejores resultados en los alumnos que informaron pocas situaciones de violencia en las escuelas (peleas, agresiones verbales, etc.) y en los centros educativos con un clima escolar positivo.

19. Un estudio reciente publicado por Konishi en el 2010, cit. por Román & Murillo[177]se examinó la relación entre maltrato y abuso entre pares, la relación entre profesor-alumnos y los desempeños escolares canadienses. En este estudio participaron 28,000 estudiantes de 15 años que formaron parte del Programa Internacional de Evaluación de Estudiantes (PISA) de la Organización de Cooperación y Desarrollo Económicos (OCDE) correspondiente al año 2007. Se uso el análisis multinivel, se determinó correlación negativa entre aprendizaje efectivo en matemáticas y lectura con el acoso escolar, y positivamente con la relación alumno-profesor. Es decir, los estudiantes objeto de acoso escolar por parte de sus pares obtenían inferiores desempeños en matemáticas y lectura en relación con sus pares sin eventos de acoso escolar. Por el contrario, los estudiantes con una mejor relación con sus profesores manifestaban mejores logros académicos en dichas disciplinas.

Con el fin de realizar el estudio, antes citado, se realizaron pruebas de nivel rendimiento normalizadas a una muestra de tercero y sexto grado de 16 países (Véase Anejo G), además de cuestionarios a los estudiantes, sus familias, docentes y directores de escuelas de las escuelas participantes. El acoso escolar fue estudiado con alumnos de sexto grado.[178]

---

[176] Idem., p. 41.

[177] Ide., p. 41.

[178] Idem, p. 41.

Para cumplir con los objetivos de este estudio se utilizaron cuatro modelos multinivel: alumno, aula, escuela y país a nivel de región; y de tres niveles (educador, aula y escuela) en el análisis país a país. En términos de las variables examinadas fueron tres: violencia entre pares, carácter sociodemográfico y desempeño. En relación a las variables sociodemográficas fueron siete: nivel socioeconómico de la familia del estudiante, profesión de los padres y sus posesiones; nivel cultural de la familia del estudiante, promedio de la titulación máxima obtenida por ambos padres; genero; anos de preescolarización del estudiante, número de años que asistió a un centro educativo; nivel socioeconómico de la escuela e índice de desarrollo humano de cada país, según los datos oficiales de la UNESCO en el año 2006.[179]

Por otro lado, las variables de ejecución escolar de los educandos fueron el rendimiento académico en matemáticas y lectura. Para dichos fines se utilizaron dos tipos de pruebas, a saber: a) cuestionario para recopilar datos sobre el acoso escolar entre pares contestados por estudiantes de sexto grado, b) el rendimiento académico en matemáticas y lectura se recopiló mediante pruebas estandarizadas validados por todos los países.[180]

La información de las variables sociodemográficas fue obtenida mediante cuestionarios enfocados a estudiantes (género y lengua materna), sus familias (nivel cultural y situación socioeconómica familiar y años de preescolarización del estudiante) y dirección escolar (nivel socioeducativo de la escuela).[181]

En conexión con los objetivos de la investigación, los resultados se organizaron en tres grandes categorías: una estimación del alcance del maltrato entre pares en América Latina, el estudio de las características sociodemográficas atadas al maltrato y en análisis

---

[179] Idem., p. 42.

[180] Idem., p. 43.

[181] Idem., p. 43.

de su impacto en el desempeño escolar.[182] Los resultados de esta investigación fueron los siguientes:

1. Poco más de la mitad de los estudiante, 51%, de los estudiantes de sexto grado del nivel primario sufrieron de robos, insultos, amenazas o golpeados por su pares en la escuela en el mes anterior de la recopilación de los datos.

2. La agresiones más frecuente fueron: el robo (39.4%), violencia verbal (26.6%) y la violencia física (16.5%).

3. El acoso escolar es más profundo y frecuente en Colombia, el Ecuador, Nicaragua, Costa Rica, Republica Dominicana y el Perú (con 45% de acoso escolar).

4. Los países destacados con más de 30% de alumnos maltratados verbalmente por algún compañero fueron: Perú, Costa Rica y el Uruguay.

5. Cinco países con los mayores por cientos de violencia física entre pares: Argentina (23.5%), Ecuador (21.9%), Republica Dominicana (21.2%), Costa Rica (21.2%) y Nicaragua (21.2%). Sin embargo, Cuba es el país con el menor por ciento (4.4) de acosados en la escuela.

6. El 62% de los estudiantes manifestaron conocer y/o haber observado algún evento de violencia en la escuela de sus pares.

7. Un 46.7% afirmó que algunos de sus compañeros fue victima de robo, el 35.7% señalaron conocer a un compañero amenazado o insultado, mientras que el 38. 9% declaro conocer un compañero al que le pegaron en el aula escolar.

---

[182] Idem., p. 44.

8. En cuatro países más del 70% de los estudiantes señalaron conocer a un compañero de su clase victima de maltrato en su escuela (Colombia, Panamá, Argentina y Costa Rica).

9. Más del 49% de los estudiantes han sido afectado por la violencia física en Argentina, Costa Rica, Nicaragua, Brasil y Perú. Contrariamente, en Cuba y Chile exhibieron los menores por cientos (7.4% y 25%) respectivamente.

10. Los datos sugieren la existencia de una relación estadísticamente significativa entre el genero de los estudiantes y en algún momento ser acosado, ya sea por robo, insulto, amenaza o maltrato físico.

11. La prueba de Chi-cuadrado denota con certeza que las variables dependientes examinadas (ser víctima de robo, de violencia verbal y violencia física) se relacionan estadísticamente con el genero del estudiante. Con la excepción de Cuba donde el maltrato incide a ambos géneros de manera equitativa; y en Colombia, Costa Rica, Ecuador, Guatemala, Panamá, Nicaragua y Perú, donde no existe diferencia en el numero de niños y niñas que declararon haber sido victimas de robo en el ultimo mes del estudio.

12. En la mayoría de los países participantes en el estudio los estudiantes de la zona rural sufren menos robos y son insultados con menor frecuencia en comparación a los que residen en la zona urbana. No obstante, en Brasil, Guatemala, Perú y Uruguay no se observaron diferencias en ningún tipo de maltrato entre los estudiantes que residen en la zona rural o urbana.

13. Los resultados de la t de student para todos los estudiantes de la región demostraron: a) relación entre ser acosado por robo y el nivel cultural de los padres, pero no con el nivel socioeconómico.

14. Se determinó vinculación entre el nivel socioeconómico de los padres y constituirse en victima de acoso escolar o amenazado o insultado, pero no encontró vinculación con el nivel cultural de los padres.

15. Un estudiante del nivel primario (sexto grado) en América Latina victima del acoso escolar tiene un desempeño significativamente inferior, en lectura y matemáticas, que otro estudiantes que no ha sido acosado.

16. Los educandos que asisten a salones de clases con una mayor proporción de actos de robo o maltrato físico o verbal manifiestan inferiores desempeños académicos tanto en matemáticas con el lenguaje en comparación con los estudiantes asistentes a aulas donde existe exigua violencia.

17. El acoso escolar constituye un evento en menor o mayor grado en todos los países participantes del estudio. En Chile, Ecuador y Republica Dominicana los datos indican que el acoso escolar incide fuertemente en el desempeño académico en lectura y matemáticas. Sin embargo en Colombia y Cuba el efecto de ser acosado se refleja en matemáticas no en lectura.

18. Existe relación entre haber sido golpeado y el nivel cultural de los padres, pero no con el nivel socioeconómico.

En la próxima sección presentamos las tablas número diez (10) a la treinta y uno (31), se Incluye un sumario de las investigaciones desarrolladas a nivel internacional sobre el *bullying*.

Tabla 10 – Investigaciones realizadas sobre acoso escolar a nivel internacional

Objetivo(s)	Metodología y/o Instrumentos	Conclusiones
Identificar conducta de acoso y su peligrosidad en el ambiente escolar.[183]	Cuantitativa y el uso de cuestionario actitudinal	1. Incremento en el acoso escolar. 2. Maestros renuentes a implicarse en la solución de acoso escolar. 3. La participación activa de los profesores es trascendental para solucionar el acoso escolar. 4. Los padres desconocen si sus hijos o hijas son acosados.
Implantación y evaluación de un modelo[184] de intervención para erradicar y/o mitigar el *bullying*.[185]	Cuantitativa y uso de pre y post prueba	1. Reducción en un 50% eventos de bullying. 2. Ausencia significativa de la conducta antisocial.

---

[183] Investigación realizada por Dan Olweus en Noruega.

[184] El mismo consta de estrategias para modificar conducta de los padres, maestros y estudiantes en pro del anti-acoso escolar, implantación de código de conductas anti-agresiva dentro y fuera del ambiente escolar y medidas a nivel individual para modificar situaciones de acoso escolar.

[185] Desarrollada por Carmen Nuñez Gaitán et. al. (2012).

Tabla 11 – Investigaciones realizadas sobre acoso escolar a nivel internacional (Continuación)

Objetivo(s)	Metodología y/o Instrumentos	Conclusiones
Identificar factores de riesgo y de protección predictores de eventos de bullying.[186]	Metaestudio cuantitativo y cualitativo	1. Factores de riesgo asociados con el bullying son: tipo de socialización en el hogar y pobre participación de los padres en los asuntos escolares de sus hijos o hijas.
		2. Estilo de crianza autoritario apoyan conducta violenta en los hijos o hijas.
		3. Estilo de crianza de los acosados se basan en relaciones dependientes y sobreprotectoras.
		4. Estrategias para evitar y/o mitigar el bullying son: modelos conductuales enfocados a eliminar los incitadores de violencia y modelos centrados en las emociones dirigidos a eliminar sentimientos negativos.

---

[186] Investigación realizada por A.C. Baldry & D. Farrington en 2005.

Tabla 12 – Investigaciones realizadas sobre acoso escolar a nivel internacional (Continuación)

Objetivo(s)	Metodología y/o Instrumentos	Conclusiones
Auscultar si existe vinculación entre el estilo de crianza del niño o niña con incitar conducta violencia en los mismos.[187]	Experimental cuantitativa	1. Se determinó correlación positiva entre el estilo de crianza autoritario con conducta violenta en los hijos o hijas.
		2. Se encontró correlación negativa entre el estilo de crianza democrático y conductas asociadas con la agresividad y confrontamiento.
Diagnosticar situación de acoso escolar en estudiantes de quinto, sexto y séptimo grado en escuelas rurales de Estados Unidos de América.[188]	Longitudinal de naturaleza cuantitativa y cualitativa; y se utilizaron dos cuestionarios: uno para estudiantes y otro para maestros.	1. El bullying se percibe menos negativo durante la adolescencia temprana.
		2. El bullying un elemento propiciador de prestigio para estar afiliado a un grupo y amigos.
		3. Incremento de bullying desde el quinto a sexto grado.
		4. El acoso escolar tiene su nivel pico en séptimo grado y luego disminuye.

---

[187] Idem.

[188] Investigadores A.D. Pellegrini & Jeffrey D. Long, University of Minesota, USA, 2002.

Tabla 13 – Investigaciones realizadas sobre acoso escolar a nivel internacional (Continuación)

Objetivo(s)	Metodología y/o Instrumentos	Conclusiones
Desarrollar e implantar un programa de intervención contra el bullying en cuarto grado.	Cuantitativo y uso de pre- y post prueba.	1. El programa de intervención impactó positivamente reduciendo el acoso escolar.
Evaluar el programa de intervención implantado.[189]		2. Las escuelas donde la implantación del programa fue significativa la efectividad del mismo fue alta y viceversa.
		3. Los programas de intervención contra el acoso escolar son más efectivos en los grados primarios.
Indagar sobre el acoso escolar entre pares en las escuelas de educación elemental, públicas y privadas, luego de implantar un programa de intervención anti-acoso escolar en España.	Cuantitativo y cuestionario para estudiantes y directores de escuelas.	1. Actitudes negativas con respecto a las creencias sobre acoso escolar en todos los grados participantes.
		2. En cuarto grado, los observadores del acoso escolar, reforzaban menos la conducta de los acosadores.

---

[189] Estudio conducido por Christina Salmivalli et. al. (2010) en Finlandia. El programa de intervención consta de tres fases: Adquirir conocimientos sobre el acoso escolar, Autorreflexión crítica (grupos focales y *roles-playing*) y compromiso anti-acoso (usando psicodrama y *roles playing*) a nivel individual, el aula escolar y la comunidad escolar.

Tabla 14 – Investigaciones realizadas sobre acoso escolar a nivel internacional (Continuación)

Objetivo(s)	Metodología y/o Instrumentos	Conclusiones
Indagar sobre el acoso escolar entre pares en las escuelas de educación elemental, públicas y privadas, luego de implantar un programa de intervención anti-acoso escolar en España.	Cuantitativo y cuestionario para estudiantes y directores de escuelas.	3. Los tipos de bullying más asiduos según la victimas eran: agresión verbal, agresión física y exclusión social. 4. Los tipos de acoso escolar en función del acosador más frecuentes eran: exclusión social, agresión verbal y agresión física.
Explorar el conocimiento de los significados que le otorgan los alumnos, del nivel superior, a la convivencia, el conflicto y la violencia entre pares en la escuela.[190]	Descriptivo-exploratorio, cuantitativo y cualitativo con cuestionario para los estudiantes.	1. Se conceptualiza la violencia escolar toda acción intencional de abuso o maltrato de un ser humano o grupo a otro ser humano. 2. La violencia es aprendida en un contexto social. 3. La eliminación y/o mitigación de la violencia en las escuelas es responsabilidad de toda la comunidad escolar.

---

[190] Investigación conducida por María Teresa Muñoz Quesada et.al., en el 2007.

Tabla 15 – Investigaciones realizadas sobre acoso escolar a nivel internacional (Continuación)

Objetivo(s)	Metodología y/o Instrumentos	Conclusiones
Constatar la presencia de conducta agresiva en dos centros educativos del nivel intermedio en España.[191]	Cuantitativa y uso de cuestionarios.	1. Un pobre aprovechamiento académico y disciplina en las escuelas participantes en el estudio. 2. Frecuentes incidentes de conducta de acoso escolar. 3. Ausencia de habilidades de comunicación intragrupo 4. Agresión contra las féminas. 5. Permea la conducta anti-social y desadaptativas.
Identificar estrategias de intervención para situaciones violentas en escuelas de Chile con estudiantes de sexto, séptimo y octavo grado.[192]	Cuantitativa y uso de cuestionario actitudinal y entrevistas individuales estructuradas.	1. La planificación de un programa de intervención contra el acoso escolar promovido por los profesores debe considerar en primera instancia un perfil individual del acosado y del acosador. Cada alumno es una singularidad. 2. Una mayoría significativa de los alumnos manifestó sentirse bien en la escuela. 3. La relación entre pares no es satisfactoria, por la presencia de: gangas y agresiones físicas.

---

[191] Estudio conducido por Ramírez & Justicia en la Ciudad de Cera, España.

[192] Investigación desarrollada por Flavia Tamar, 2009.

Tabla 16 – Investigaciones realizadas sobre acoso escolar a nivel internacional (Continuación)

Objetivo(s)	Metodología y/o Instrumentos	Conclusiones
Identificar estrategias de intervención para situaciones violentas en escuelas de Chile con estudiantes de sexto, séptimo y octavo grado.[193]		4. Promover en los estudiantes conductas propositiva con relación a los demás estudiantes. 5. Inducir interrelaciones entre los miembros de la comunidad escolar de respeto a la diversidad, tolerancia y el bien común. 6. Concienciar a los padres para que promueven espacios de paz y amor en los hogares de los estudiantes. 7. El acoso escolar es más frecuente en el salón de clases.
Examinar el acoso escolar en los grados sexto, séptimo y octavo de escuelas públicas de Cali, Colombia.[194]	Exploratorio-descriptivo y cuantitativo.	1. Casi la mitad de los estudiantes fueron objeto de acoso escolar. 2. Las modalidades de acoso escolar mas provilentes fueron: amenazar, ridiculizar y excluir. 3. El acoso escolar es presenciado por maestros y estudiantes.

---

[193] Investigación desarrollada por F. Tamar, 2005.

[194] Estudio concretizado por María Teresa Paredes et. al., realizado del 2005 al 2006

Tabla 17 – Investigaciones realizadas sobre acoso escolar a nivel internacional (Continuación)

Objetivo(s)	Metodología y/o Instrumentos	Conclusiones
Examinar el acoso escolar en los grados sexto, séptimo y octavo de escuelas públicas de Cali, Colombia.[195]	Exploratorio-descriptivo y cuantitativo.	4. Los lugares más habituales de acoso escolar es el aula escolar, el patio y los pasillos de la escuela. 5. No existe relación estadísticamente significativa entre ser acosado con la edad y con el grado. 6. Existe relación estadísticamente significativa entre ser acosado con el género. 7. Existe relación estadísticamente significativa entre el acosador con la edad y su género. 8. El clima escolar de las escuelas es negativo e inadecuado para el proceso enseñanza y aprendizaje. 9. No existe un ambiente de sana convivencia indispensable para el desarrollo emocional, social e intelectual de los estudiantes. 10. Escasa participación de los maestros y padres para eliminar y/o mitigar el acoso escolar.

[195] Estudio concretizado por María Teresa Paredes et. al., realizado del 2005 al 2006

Tabla 18 – Investigaciones realizadas sobre acoso escolar a nivel internacional (Continuación)

Objetivo(s)	Metodología y/o Instrumentos	Conclusiones
Identificar las principales causas generadoras de pasividad y permisividad ante los eventos de acoso escolar en función de la percepción de la comunidad escolar.[196]	Cualitativo y uso de la observación y la entrevista en profundidad.	1. Auto-percepción denigrada del profesor de su papel como docente, lo cual se traduce en dificultad para detectar eventos de maltrato entre los alumnos y prevenir y/o evitar los mismos.

2. Una mayoría significativa de los participantes coincidieron en el acoso entre pares como una conducta natural. Por lo tanto, no intervienen o ignoran los eventos violentos en su escuela.

3. Los tipos de maltrato más destacados fueron: violencia verbal, insultos y burlas y expresiones denigratorias.

4. El estudiante acosado promedio tiene discapacidades físicas o pertenece a otra cultura. |

---

[196] Investigación realizada por Teresa Ana Veccia et. al., en CABA en Argentina en el 2008.

Tabla 19 – Investigaciones realizadas sobre acoso escolar a nivel internacional (Continuación)

Objetivo(s)	Metodología y/o Instrumentos	Conclusiones
Identificar las principales causas generadoras de pasividad y permisividad ante los eventos de acoso escolar en función de la percepción de la comunidad escolar.[197]		5. El contexto socio-cultural y la familia constituyen elementos determinantes para generar conducta agresiva entre los niños y niñas en el escenario educativo. 6. La escuela le exige a los padres funciones que van más allá de su papel en la sociedad y viceversa. 7. Algunas estrategias para enfrentar el acoso escolar sugeridas son: grupos de conversación y ensenar destrezas sociales a los estudiantes. 8. Los padres exhiben comportamientos violentos en contra de los maestros y maestras de sus hijos o hijas. 9. Incremento en el acoso escolar durante los últimos años.

---

[197] Investigación realizada por Teresa Ana Veccia et. al., en CABA en Argentina en el 2008.

Tabla 20 – Investigaciones realizadas sobre acoso escolar a nivel internacional (Continuación)

Objetivo(s)	Metodología y/o Instrumentos	Conclusiones
Exposición de programas innovadores anti-acoso escolar para Chile.[198]	Revisión y análisis de documentos	1. En Chile existe un alarmante escenario de acoso escolar en las escuelas. 2. No existe una estrategia única para erradicar o reducir el bullying. Es un enfoque multi-estratégico. 3. La planificación efectiva de programas anti-acoso escolar se inicia con un análisis completo y holístico del escenario socio-cultural y las variables individuales de los estudiantes actores del acoso escolar. 4. Es imperativo analizar el clima de la escuela y su estado de convivencia al planificar programas anti-acoso escolar. 5. Es necesario diseñar estrategias proactivas para evitar el acoso escolar.

---

[198] Presentado en EducarChile el Portal de la Educación, 2009.

Tabla 21 – Investigaciones realizadas sobre acoso escolar a nivel internacional (Continuación)

Objetivo(s)	Metodología y/o Instrumentos	Conclusiones
Exposición de programas innovadores anti-acoso escolar para Chile.[199]		6. Delinear estrategias parea responsabilizar a la familia, escuela y sociedad en la solución del acoso escolar en forma constructiva y autónoma. 7. La planificación de programas para prevenir el acoso escolar debe ceñirse por los siguientes principios: (a) El diálogo con los estudiantes sobre el acoso escolar, (b) Una política pública transparente de la posición institucional enfocada a prevenir el acoso escolar (c) Los programas curriculares deben contener las actividades destinadas a prevenir el acoso escolar. (d) Participación activa de los padres y estudiantes en la identificación e implantación del programa anti-acoso escolar y (e) Diseñar un código de conducta.

---

[199] Presentado en EducarChile el Portal de la Educación, 2009.

Tabla 22 – Investigaciones realizadas sobre acoso escolar a nivel internacional (Continuación)

Objetivo(s)	Metodología y/o Instrumentos	Conclusiones
Identificar política pública educativa anti-acoso escolar en el Departamento para la Infancia en escuelas de Inglaterra.[200] Discutir estrategias para prevenir y enfrentar el acoso escolar en las escuelas de Inglaterra.[201]	Revisión y análisis de documentos	1. Celebración de la semana anti-escoso escolar. 2. Carta anti-acoso escolar de todas las escuelas participantes. 3. Desarrollar competencias socioemocionales (auto-conciencia, manejo de sentimientos, motivación, empatía y habilidades sociales) en los componentes de la comunidad escolar (i.e. administradores, personal administrativo, profesores, asistentes de profesores, personal de apoyo, personal no docente, estudiantes y familias) 4. Uso de un paradigma holístico para implantar la política pública y estrategias anti-escoso escolar.

---

[200] Idem.

[201] Idem.

Tabla 23 – Investigaciones realizadas sobre acoso escolar a nivel internacional (Continuación)

Objetivo(s)	Metodología y/o Instrumentos	Conclusiones
Explorar datos e información sobre el acoso escolar, sus manifestaciones e implicaciones en el escenario escolar.[202]	Revisión y análisis de documentos	1. Acoso escolar es intimidación, abuso, hostigamiento y victimización persistentes entre alumnos. 2. En el acoso escolar hay tres protagonistas: (a) el acosado, (b) acosador y (c) los observadores. 3. El acoso escolar se sitúa en patrones culturales de "dominio-sumisión" entre pares y en espacios de convivencia como la escuela. 4. Existen cuatro modalidades de acoso escolar: física, verbal, social y psicológica. 5. La magnitud y la naturaleza internación del acoso escolar lo ubican como un factor de peso importante en el desarrollo cognitivo, socioafectivo y esencial al analizar el clima y la convivencia escolar.

---

[202] Estudio conducido por Marcela Román & F. Javier Murillo en el 2011.

Tabla 24 – Investigaciones realizadas sobre acoso escolar a nivel internacional (Continuación)

Objetivo(s)	Metodología y/o Instrumentos	Conclusiones
Explorar datos e información sobre el acoso escolar, sus manifestaciones e implicaciones en el escenario escolar.[203]		6. Nacimiento de una nueva modalidad de acoso escolar llamado ciberacoso, mediante el cual se denigra y maltrata al estudiante usando: teléfonos celulares, páginas web, blogs, redes sociales, entre otros, mediante internet. 7. El género y la edad están sólidamente relacionados con la frecuencia y la fuerza del acoso escolar. 8. Los varones están más conectados con el acoso escolar físico; mientras que las féminas involucradas con el maltrato social y psicológico. 9. A mayor nivel de escolaridad disminuye el acoso escolar.

---

[203] Estudio conducido por Marcela Román & F. Javier Murillo en el 2011.

Tabla 25 – Investigaciones realizadas sobre acoso escolar a nivel internacional (Continuación)

Objetivo(s)	Metodología y/o Instrumentos	Conclusiones
Explorar datos e información sobre el acoso escolar, sus manifestaciones e implicaciones en el escenario escolar.[204]		10. En promedio un 26% de los estudiantes participantes en el estudio son acosados a nivel primario, un 20% a nivel intermedio y otro 10% en la escuela superior. 11. En Australia, el 17.4% de los alumnos entre siete a nueve anos son acosados severamente y el 31% son acosados ligeramente. 12. En América Latina, la provilencia de acoso escolar para el 2005 fue: en Perú, 46%; en Chile de un 11% y Argentina un 32% 13. En América Latina la principal modalidad de acoso escolar fue: violencia verbal (gritos, burlas e insultos) con porcentajes entre 12% y un 14% en función del grado.

---

[204]   Estudio conducido por Marcela Román & F. Javier Murillo en el 2011.

Tabla 26 – Investigaciones realizadas sobre acoso escolar a nivel internacional (Continuación)

Objetivo(s)	Metodología y/o Instrumentos	Conclusiones
Explorar datos e información sobre el acoso escolar, sus manifestaciones e implicaciones en el escenario escolar.[205]		14. Se determinó para los Estados Unidos de América, en el año 2007, relación entre el estudiante acosado con manifestación de síntomas de deterioro psicológico y un pobre rendimiento académico con alumnos del quinto grado en las escuelas urbanas. 15. Se encontró correspondencia entre los estudiantes con dificultades de aprendizaje y pobre manejo social del lenguaje y se víctima de acoso escolar.

---

[205] Estudio conducido por Marcela Román & F. Javier Murillo en el 2011.

Tabla 27 – Investigaciones realizadas sobre acoso escolar a nivel internacional (Continuación)

Objetivo(s)	Metodología y/o Instrumentos	Conclusiones
Explorar datos e información sobre el acoso escolar, sus manifestaciones e implicaciones en el escenario escolar.[206]		16. Estudiantes de séptimo, octavo y noveno grado, de escuelas australianas, en una tercera parte de los acosados habitualmente tenían serios problemas de concentración y atención a sus clases. 17. Se determinó correlación negativa entre aprendizaje efectivo en matemáticas y lectura con acoso escolar, y positiva con la relación alumno-profesor.

---

[206] Estudio conducido por Marcela Román & F. Javier Murillo en el 2011.

Tabla 28 – Investigaciones realizadas sobre acoso escolar a nivel internacional (Continuación

Objetivo(s)	Metodología y/o Instrumentos	Conclusiones
Determinar la relación entre violencia escolar, acoso escolar y desempeño académico de estudiantes del nivel primario y sexto grado, en dieciséis países de América Latina.[207] Aquilatar y analizar la magnitud de la violencia entre pares en las escuelas de los países participantes en el estudio.	Cuantitativa y uso de cuestionarios y pruebas normalizadas académicas.	1. Un 51% de los estudiantes sufrieron acoso escolar como: robos, insultos, amenazas o golpes de sus pares. 2. Las agresiones más frecuentes fueron: el robo con un 39.4%; violencia verbal, 26.6% y violencia física con 16.5%. 3. El acoso escolar es crítico y asiduo en Colombia, Ecuador, Nicaragua, Costa Rica, Republica Dominicana y Perú, con 45% de acoso escolar. 4. Un 62% de los estudiantes expresaron percibir un incidente de acoso escolar. 5. Un 46.7% de los alumnos informaron acoso escolar por parte de sus compañeros; mientras que un 35.7% conocían a un amigo amenazado.

---

[207] Estudio conducido por Marcela Román & F. Javier Murillo en el 2011.

Tabla 29 – Investigaciones realizadas sobre acoso escolar a nivel internacional (Continuación)

Objetivo(s)	Metodología y/o Instrumentos	Conclusiones
Determinar la relación entre violencia escolar, acoso escolar y desempeño académico de estudiantes del nivel primario, sexto grado, en dieciséis países de América Latina.[208] Aquilatar y analizar la magnitud de la violencia entre pares en las escuelas de los países participantes en el estudio.	Cuantitativa y uso de cuestionarios y pruebas normalizadas académicas.	6. Existe vinculación estadísticamente significativa entre el género del estudiante con algún episodio de acoso; ya sea por robo, insulto, amenaza o maltrato físico. 7. La prueba Chi-cuadrado constató la existencia de relación dependiente entre las variables ser víctima de robo, violencia verbal y violencia física con la variable género. 8. Los estudiante de la zona rural son menos propensos al acoso escolar en comparación con los estudiantes de la zona urbana 9. Existe vinculación entre ser acosado con el nivel socioeconómico de los padres, pero no con el nivel cultural de los padres.

---

[208] Estudio conducido por Marcela Román & F. Javier Murillo en el 2011.

Tabla 30 – Investigaciones realizadas sobre acoso escolar a nivel internacional (Continuación)

Objetivo(s)	Metodología y/o Instrumentos	Conclusiones
Determinar la relación entre violencia escolar, acoso escolar y desempeño académico de estudiantes del nivel primario, sexto grado, en dieciséis países de América Latina.[209] Aquilatar y analizar la magnitud de la violencia entre pares en las escuelas de los países participantes en el estudio.	Cuantitativa y uso de cuestionarios y pruebas normalizadas académicas.	10. Un educando acosado de sexto grado ciudadano de América Latina presenta un desempeño académico inferior en lectura y matemáticas con un estudiante no acosado. 11. Alumnos en aulas escolares con eventos de maltrato verbal y/o físico de sus maestros o pares presentan aprovechamiento académico deficiente, tanto en lenguaje como en matemáticas contrario a los alumnos en aulas con poco o ningún tipo de violencia y/o acoso. 12. Existe relación entre ser víctima de golpes con el nivel cultural de los padres, pero no con el nivel socioeconómico de éstos.

---

[209] Estudio conducido por Marcela Román & F. Javier Murillo en el 2011.

Tabla 31 – Investigaciones realizadas sobre acoso escolar a nivel internacional (Continuación)

Objetivo(s)	Metodología y/o Instrumentos	Conclusiones
Determinar la relación entre violencia escolar, acoso escolar y desempeño académico de estudiantes del nivel primario, sexto grado, en dieciséis países de América Latina.[210] Aquilatar y analizar la magnitud de la violencia entre pares en las escuelas de los países participantes en el estudio.	Cuantitativa y uso de cuestionarios y pruebas normalizadas académicas.	13. Inexistencia de vinculación entre el acosador escolar con el nivel socioeconómico y cultural de su escuela. 14. La prueba de correlación a un nivel alfa igual a .05 demostró dos resultados, i.e.: Países (Brasil, Chile Cuba, Ecuador, Nicaragua y Uruguay) donde el acoso escoso incide negativamente en el aprovechamiento académico en lectura y matemáticas y Estados en los cuales no se observó relación entre el acoso escolar con ninguna medida de rendimiento académico en las disciplinas mencionadas así como países.

Las siguientes tablas (32- 34) contienen los puntos coincidentes de los estudios realizados a nivel internacional. Las mismas están dimensionadas por tres categorías: concepto acoso escolar, implicaciones en el sistema educativo y modelos, programas y estrategias de intervención y prevención anti-acoso escolar.

---

[210] Estudio conducido por Marcela Román & F. Javier Murillo en el 2011.

Tabla 32 – Puntos de coincidencias en las investigaciones a nivel internacional sobre acoso escolar

Concepto acoso escolar (Características y factores de riesgo)	Implicaciones en el núcleo escolar	Modelos, programas y estrategias de prevención e intervención anti-acoso escolar
Es un tipo de violencia intencional, sistemática y consistente iniciada por un estudiante o grupo de edad escolar contra otro estudiante y existe maltrato social, verbal, psicológico y físico. El mismo no es recíproco. Existen tres participantes: acosados, acosado y observadores Los hijos son criados autoritariamente, permisivamente, con violencia doméstica, familia disfuncional, padres acosadores y ausencia de valores de respeto a la diversidad, tolerancia, falta del bien común y de modelos positivos, entre otros.	1. Promueve un clima escolar negativo en la comunidad escolar. 2. Propicia ausencia de sana convivencia en la comunidad escolar. 3. El acosado manifiesta bajo aprovechamiento académico, autoestima baja, ausentismo crónico, fobia escolar, carga emocional negativa, estrés, depresión, intentos suicidas, conflictos con los padres y maestros, aislamiento y posible potencial acosado, entre otros 4. Incide negativamente a la comunidad contigua a la escuela. La misma percibe la escuela como un lugar peligroso e inseguro.	1. Se recomienda el uso de un paradigma ecológico como medio para prevenir e intervenir con el acoso escolar. En el mismo la escuela se visualiza como un sistema abierto. Afectados por variables endógenas y exógenas. Las cuales deben participar activamente, ya sea para prevenir o intervenir con el acoso escolar. 2. Es indispensable la participación de los padres, maestros/as, administración y los otros componentes del centro educativo para prevenir y lidiar con el acoso escolar, a nivel micro. 3. La planificación ecológica de un programa de intervención anti-acoso escolar se fundamente en la interacción adecuada entre los diversos entornos.

Tabla 33 – Puntos de coincidencias en las investigaciones a nivel internacional sobre acoso escolar

Concepto acoso escolar (Características y factores de riesgo)	Implicaciones en el núcleo escolar	Modelos, programas y estrategias de prevención e intervención anti-acoso escolar
Ausencia de valores positivos de sana convivencia en la familia, comunidad, escuelas y sociedad.	5. Aumenta significativamente a nivel global.	(b) un plan longitudinal fundamentado en: adquirir conocimiento en torno al acoso escolar (grupos focales y *roles-playing*), autorreflexión critica y compromiso anti-acoso usando *roles-playing* y psicodrama: dirigidos para los alumnos, el salón de clases y la comunidad escolar.
Impera la "Ley del Silencio."	6. Los niños son más acosados físicamente en contraste con las niñas.	
Escasa participación de los padres en los asuntos escolares de sus hijos o hijas.	7. Los acosados manifiestan bajo aprovechamiento académico, baja autoestima, potencial desertor escolar, fobia escolar, problemas emocionales y físicos e intentos suicidas.	4. Uso de un paradigma holístico como herramienta conceptual para prevenir al acoso escolar. Lo cual implica examinar factores como: la convivencia escolar, características socio-demográficas y salubristas de cada educando, evaluar la dinámica de la interrelación en el salón de clases y conocer la cultura y clima de la escuela. Todo esto considerando los factores externos que inciden en los mismos.
Casi o ninguna supervisión de los padres con relación a sus hijos e hijas.	8. Pobre participación de los profesores para eliminar y/o disminuir el acoso escolar.	
Los medios de comunicación masivos modelan la conducta de los niños y niñas mediante las asiduas escenas de violencias, y relaciones sexuales y modelos de héroes negativos.	9. En la etapa de la niñez, el acoso escolar, se percibe como eventos naturales en el desarrollo del ser humano.	

Tabla 34 – Puntos de coincidencias en las investigaciones a nivel internacional sobre acoso escolar (Continuación)

Concepto acoso escolar (Características y factores de riesgo)	Implicaciones en el núcleo escolar	Modelos, programas y estrategias de prevención e intervención anti-acoso escolar
El acoso escolar es una forma usada por los estudiantes para acaparar posiciones de prestigio y dominación entre sus pares. Los tipos de acoso escolar más provilentes son: insultos, mofas, agresión física, amenazas, robos y exclusión social Los maestros y maestras, en su mayoría, no intervienen en los eventos de acoso escolar, tanto en el aula escolar como fuera de ella. Los estudiantes están expuestos a los modelajes de los políticos y gobernantes que justifican la violencia como un medio para lograr la paz.	10. Falta de compañerismo y la formación de gangas. 11. Los espacios en la escuela, en orden de importancia, donde se manifiesta el acoso escolar son: el aula escolar, los pasillos y el patio. 12. Los padres responsabilizan a la escuela del acoso escolar. Se desvinculan del problema. 13. Causa daños duraderos.	5. Se sugiere el uso de estrategias para incrementar la sana convivencia en la escuela, especialmente en el nivel intermedio: técnicas de resolución de conflictos personalizadas y manejo de emociones. 6. Establecer un código de reglas y disciplinario anti-acoso. 7. Se recomienda el uso de un modelo ecológico/ holístico, según el cual el acoso escolar se explica dentro de un contexto más amplio. Es decir, el acoso escolar es producto de contextos más amplios: familia, medios de comunicación, amigos; esto es la sociedad.

2.3.2 El acoso escolar a nivel estatal (Estados Unidos de América)

A continuación nos proponemos a presentar, discutir y analizar críticamente la revisión de la literatura sobre acoso escolar en el Sistema Educativo de los Estados Unidos de América. En su dimensión federal y de los estados de la unión Norteamericana.

En la esfera federal, el Presidente de los Estados Unidos de América, Barack Obama y su esposa Michelle Obama[211], realizaron una conferencia en la Casa Blanca sobre acoso escolar. Al respecto, el Presiente Obama expreso que la regla de oro para combatir el bullying es la siguiente: "Tratar a otros de la misma forma en que nos gusta ser tratados".[212] En la mencionada conferencia en la cual participaron padres, estudiantes y educadores con el fin de discutir estrategias para detener el acoso escolar, el mandatario apuntó "ningún niño [niña] ni joven debe sentirse solo ante el acoso escolar, tenemos que mostrarle que tenemos una cantidad de oportunidades y opciones para ayudarlos, y esa es una responsabilidad que nos corresponde a todos".[213]

Otros temas de interés planteados en la conferencia de prensa fueron los siguientes: el acoso escolar afecta a más de 3 millones de niños, [niñas] y jóvenes que todos los días son acosados mediate instrumentos electrónicos como computadoras, teléfonos celulares y sobre todo el Internet "el acoso los sigue todos los días"[214]. Además de suicidios y traumas emocionales y/o físicos. Por ende, la prioridad respecto a la educación anti-acoso escolar comienza en la familia.

Por otra parte, de acuerdo con la pagina web del gobierno de los Estados Unidos de América (http://www.stopbullying.gov/)[215],

---

[211] Voz de América, *Obama ante el acoso escolar*, Casa Blanca, 3 de octubre de 2011, p. 1.

[212] Idem., p. 1.

[213] Idem., p. 1

[214] Idem., p.1.

[215] Departamento de Salud y Servicios Humanos de los Estados Unidos de América, *Stopbullying.com*, Washington, D.C., Estados Unidos de América, 2011, p.1.

cuarenta y nueve (49) Estados han aprobados legislación anti-acoso escolar incluyendo el ciberacoso, de éstos un solo Estado tiene una política publica con respeto al acoso escolar.

En la citada pagina web, se define el acoso escolar, al igual que el ciberacoso, factores de riesgo, estrategias de prevención, respuestas al acoso escolar y ayuda. En la tabla 35, ilustramos los temas previamente citados de la página web en cuestión.

Tabla 35 – Temas del acoso escolar presentado en la pagina web anti-acoso de los Estados Unidos de América

Temas	Contenido
Definición, características y prevención del acoso escolar	Es una conducta agresiva entre niño de edad escolar que incluye una percepción real de desbalance de poder. La conducta es repetitiva o tiene el potencial de ocurrencia.
	Hay tres tipos de acoso escolar: verbal, físico y social.
	El acoso escolar es viable durante o después de las horas escolares. Su frecuencia es mayor dentro de la escuela (lugar de juego), seguido por la guagua escolar o en la vecindad de la escuela.
	La frecuencia del acoso escolar a nivel nacional para los anos 2008-2009 fue de 28% para estudiantes de sexto a duodécimo grado; para el ano 2009 fue de 20% para estudiantes de noveno a duodécimo grado.
	Estrategias de prevención: Educar a la comunidad escolar sobre el acoso escolar; Involucrar a padres y estudiantes en la resolución del problema; Fijar políticas y normas anti-acoso escolar y un clima positivo.

Tabla 36 – Temas del acoso escolar presentado en la pagina web anti-acoso de los Estados Unidos de América (Continuación)

Temas	Contenido
Definición y características del ciberacoso	Acontece cuando los niños o niñas se acosan mediante la tecnología electrónica.
	Modalidades del ciberacoso: enviar rumores mediante e-mai y colocar fotos denigrantes en Facebook y suplantación, etc.
	Se puede dar en cualquier lugar; aunque con mayor incidencia en el hogar.
	Estrategias de prevención anti-ciberacoso para los padres: Conocimiento sobre las actividades de sus hijos o hijas en la computadora, especialmente en Internet; Establezca reglas sobre el uso de la tecnología y Conocimiento de la reglas escolares sobre el uso de la tecnología.

Con relación al ciberacoso en los Estados Unidos de América, un estudio realizado por Internet & American Life Project del instituto de reflexión Pew Research Center, así como por la organización Family Online Safety Institute y Cable in the Classroom[216] entre el 19 de abril y 14 de julio de 2011 con una muestra de 799 adolescentes y un margen de error de más o menos cinco puntos porcentuales. Los resultados del estudio fueron los siguientes:

"1. Un 95% de los adolescentes estadounidenses entre 12 y 17 años tienen acceso a internet, y de ellos, el 80% tienen perfiles en sitios de redes sociales como Facebook o MySpace.

---

[216] COLOR ABC, *EEUU, Jóvenes aseguran que sus pares son "amables" en internet*, Estados Unidos de América, COLOR ABC, 2011, p. 1.

2. El 69% de los adolescentes que utilizan las redes sociales afirman que, en general, sus pares se comportan de manera amable en esos sitios, mientras que un 20% dice que sus interlocutores son mayoritariamente desagradables y un 11% dice que "depende" de la situación.

3. El 88% de los jóvenes que utilizan las redes sociales dicen haber sido testigo de un comportamiento malvado o cruel y un 15% dice que han sido objeto de burlas malintencionadas en los últimos 12 meses.

4. De este 88%, el 12% afirma haber visto "frecuentemente" comportamientos crueles en las redes sociales, el 29% dice que estos ocurren "a veces" y un 47% asegura que suceden 'de vez en cuando'.

5. El 90% de los adolescentes afirman haber ignorado los comportamientos malintencionados mientras que el 80% dice haber defendido a la víctima y el 21% confiesa haber tomado parte en las burlas en las redes sociales.

6. En tanto, 19% de los adolescentes afirman haber experimentado acoso en los últimos 12 meses, ya sea en persona, en mensajes de texto, por teléfono o en internet

Garaigordobil (2011)[217], examinó la frecuencia del ciberacoso a nivel Internacional, en términos del ciberacoso en los Estados Unidos de América, en las tablas 37 a la 38 contienen un resumen por investigador(es), espacio muestra, edad de los participantes, frecuencia del acoso virtual y conclusiones del estudio. Se observa una tendencia cíclica de ciberacoso en los Estados Unidos de América y en todos los niveles escolares. No obstante, para el ano 2009, se visualiza una aparente disminución de los eventos de ciberacoso.

---

[217] Maite Garaigordobil, "Prevalencia y consecuencias del cyberbullying: Una revisión", *International Journal of Psychological Therapy*, vol. 11, núm. 2, 2011, p. 241.

Tabla 37 – Investigaciones ciberacoso por investigador(es), muestra, edad, frecuencia y conclusiones en los EE.UU.

Estudios	Muestra (Edad)	Frecuencia y Conclusiones
Finkellhor, Michelle y Wolak (2000)	1501 (10-17)	El 6% acosado en Internet en el último año. De éstos el 33% mediante mensajería instantáneo, el 32% en chat y el 19% por e-mail.
Keith y Martin (2005)	1566 (9-13)	Un 42% había sido acosado en Internet, y de ellos 7% con frecuencia y un 35% acosado en línea.
Ybarra y Mitchell (2004)	1501 (10-17)	Tasas de agresiones superiores al 10% El año anterior; 19% acosado; el 12% víctima de la red, el 4% objeto de acoso y el 3% fueron acosadores y acosados.
Ybarra, Mitchell, Wolak y Finkellhor (2006)	1500 (20-17)	Un 9% acosado en Internet y un 32% informaron de malestar.
Ybarra y Mitchell (2008)	1588 (10-15)	Un 33% víctima de rumores, comentarios maliciosos o amenazas.
Patchin e Hinduja (2006)	384	Un 16.7% intimidando a otros.
Brugess-Proctor, Patchin e Hinduja (2009)	3141 (Chicas)	El 38.8% acosadas.

Tabla 38– Investigaciones ciberacoso por investigador(es), muestra, edad, frecuencia y conclusiones en los EE.UU. (Continuación)

Estudios	Muestra (Edad)	Frecuencia y Conclusiones
Raskauskas y Stolz (2007)	84 (13-18)	Un 48.8% víctima 1 a 2 veces mediante mensajería instantánea; seguido por un 32% por páginas web y un 15.5% mediante fotos tomadas por celulares.
Kowski y Limber (2007)	3767 Secundaria	Un 11% acosados en los últimos meses, el 7% victimas/agresores y el 45% acosadores. Casi la mitad de las victimas desconocían la identidad del acosador.
Cox Communications (2009)	655 (13-18)	El 15% acosado por Internet; 10% por celular; 7% acosador por Internet; un 22% observador por Internet y 17% por celular.
Hoff y Mitchell (2009)	351 (Primero y Segundo año de universidad)	Un 15% informó haber sido acosado y el 89% indicaron que conocían a un amigo acosado.

Fuente: Adaptado de Maite Garaigordobil (2011)

Sin embargo, según el informe *Indicators of School Crime and Safety*[218], durante el año escolar 2007-2008, el 32% de los estudiantes entre las edades de 12 a 18 años admitieron haber sido acosado en la escuela. De los cuales, un 21% informó ser acosado mediante burlas; el 18% humillados y 11% empujados, entre otras. Añade, también el informe citado, que el 32% de las escuelas, en el mismo año escolar, un 25% de las escuelas informó ocurrencias de acoso

---

[218] Bureau of Justice Statistics, *Indicators of school crime and safety*, U.S., Bureau of Justice Statistics, 2010, p. iv.

escolar diariamente.[219] Un 4% de los educando fue objeto de acoso cibernético.

En función del género, de las estadísticas antes citadas, el 33% de las féminas fueron objeto de ciberacoso en la escuela en comparación con un 30% varones. Notamos que la diferencia entre el ciberacoso por genero es ligera. Otro dato significativo es con relación al lugar del acoso escolar: 79% de los alumnos manifestó acoso en la escuela; mientras, que el 23% fuera de la escuela.[220]

Con relación al año escolar 2009-2010, el *Indicators of School Crime and Safety*[221], el 23% de las escuelas públicas tuvieron eventos con acoso escolar, por lo menos, una vez a la semana, y un 8% ciberacoso. La distribución porcentual del ciberacoso por nivel escolar fue la siguiente: en el nivel elemental, 20%; en intermedia, 19% y superior, 18%.[222]. El lugar de mayor prevalencia de acoso escolar, según estas estadísticas, fue en los pasillos, 48.2%; el salón de clases, 34.4% y en tercer lugar fuera de la escuela, 24.2%[223].

Un modelo de prevención de acoso escolar muy popular y exitoso en los Estados Unidos de América es el Modelo Apoyo Conductual Positivo Escolar (ACPE) conocido en ingles como *Positive Behavioral Support System (PBSS)*.[224] Este modelo tiene su génesis en los estudios teoréticos y empíricos de psicólogos conductivistas como B.F.Skinner y Fred Keller, la cual posteriormente evolucionó a una ciencia aplicada llamada análisis del comportamiento aplicado.[225] En los comienzos el

---

[219] Idem., iv.

[220] Idem., p. 42.

[221] Bureau of Justice Statistics, Indicators of school crime and safety, U.S., Bureau of Justice Statistics, 2011, p. v.

[222] Idem., p. v.

[223] Idem., p. 131.

[224] PRECIADO, Jorge & SUGAI, George. Apoyo Conductual Positivo Escolar: Características Fundamentales. Centro de Apoyo e Intervención Positiva al Comportamiento: Universidad de Oregón, 2010, pp. 24.

[225] Idem., p. 5.

ACPE se uso para trabajar con sujetos con discapacidades severas y con conductas de agresividad o autolaceración. Posteriormente para los 1990's el ACPE comenzó a aplicarse en las escuelas públicas de los Estados Unidos de América.[226] Ya que este modelo contiene una amplia gama de estrategias sistematizadas y singulares para cada ser humano con el fin prevenir los problemas conductuales de los estudiantes.[227]

El ACPE tiene como pilares cuatro elementos: (a) resultados vinculados al logro académico y la competencia social, (b) información para la toma de decisiones, (c) prácticas en función de evidencia permisoras a los estudiantes a cumplir con sus metas conductuales y (d) sistemas de apoyo para incrementar la capacidad de acción de personal docente para adoptar e implantar las estrategias conductuales con precisión y persistencia en el tiempo.[228]

Safran & Oswald cit. Preciado & Sugai (2010)[229], encontraron que en dos meta-análisis dirigidos a examinar la eficacia de las intervenciones del modelo ACPR, concluyeron que: (a) e el modelo es efectivo para mitigar las ocurrencias de problemas de conductas, (b) el ACEP es aplicable en diversos ambientes escolares y (c) en esta década, 2012, este modelo ha sido muy exitoso en las aulas y medios ambientales escolares y por ende se ha constituido en el modelo de prevención escolar preferido.[230]

El modelo ACPE se sostiene por cuatro principios rectores: (a) apego a las ciencias del comportamiento, (b) selección y desarrollo de intervenciones prácticas, (c) promoción de los valores sociales y (d) patrocinio de enfoque sistémico. El mismo sostiene, también, la premisa de un comportamiento aprendido, los cuales pueden ser afectados o modificados al manipular el entorno del ser humano, de la cual emana

---

[226] Idem., p. 5.

[227] Idem., p. 5.

[228] Idem., p. 5.

[229] Idem., pp.5-6.

[230] Idem., p. 6.

el principio de tres contingencias (antecedentes-comportamiento-consecuencias) como herramientas de estrategias de intervención.[231]

La perspectiva sistemática adoptada por este modelo lo aproxima a ser óptimo en el contexto escolar, ya que interviene con las situaciones de violencias desde cuatro subsistemas de apoyo, a saber: (a) nivel escolar, intervenciones y sistemas funcionando para apoyar a todos los alumnos y personal de la comunidad escolar; (b) fuera del contexto escolar, estrategias de apoyo para los estudiantes donde el proceso instruccional no está disponible (actividades extracurriculares, guagua escolar, áreas aledañas a la escuela, entre otras); (c) en el aula, se refiere al comportamiento y a la administración de dicho subsistemas para afirmar el proceso enseñanza y aprendizaje e (d) individualidad de cada estudiante, es el subsistema de apoyo educativo para los educandos con problemas de conductas persistentes y profundos y que no responden a los subsistemas escolares generales.[232] Es importante recalcar la efectividad de este modelo en términos de integrar a todos los componentes de la comunidad escolar a los esfuerzos de prevenir el acoso escolar.

El modelo ACPE promueve un sistema disciplinario escolar positivo y preventivo constituido por seis elementos primordiales: (a) un propósito común disciplinario e implantado positivamente, (b) un numero pequeño de expectativas redactadas positivamente para la comunidad escolar, (c) un conjunto de intervenciones para responder a las violaciones de las normas, (d) estrategias permanentes para reconocer y motivar las conductas positivas esperadas, (e) una metodología para formalizar la enseñanza de dichas estrategias y (f) mecanismos para un continuo seguimiento y evaluación del establecimiento de los procedimientos antes mencionados.[233]

En el modelo ACPE la prevención, como factor principal, se desarrollo mediante tres niveles: primario, secundario y terciario. El primer nivel, primario o universal, consiste de intervenciones

---

[231] Idem., p. 6.

[232] Idem., p. 8.

[233] Idem., p. 8.

proactivas formalmente enfocadas a todos los alumnos y personal escolar. El objetivo es evitar el desarrollo de nuevos eventos violentos. Un éxito en este nivel se traduce en un beneficio de la población escolar de 75 a 85% El nivel secundario consta de intervenciones de mayor profundidad con los estudiantes que demandan más atención para su éxito en la comunidad escolar y en aula. Este nivel es peculiar porque demanda mayor consistencia y se aplica a una población relativamente pequeña [claro depende de la situación de violencia en la escuela] los escuelas necesitan más tiempo, práctica, retroalimentación y educación. El fin de este nivel prevenir mayores actos de problemas de conducta producto de educandos que están en alto riesgo de fracasar académicamente y/o conductualmente. El ultimo nivel, terciario o intensivo, es para reducir la intensidad, complejidad y frecuencia de problemas de conductuales en estudiantes, los cuales no respondieron adecuadamente a las estrategias de intervención del primero y segundo nivel. En este nivel se diseñan estrategias personalizadas para cada estudiante.[234]

La fase de recopilación de datos es crítica para el desarrollo y sistematización de ACPE ya que son los procedimientos vitales para asegurar y reafirmar la adjudicación de decisiones precisas, reales y efectivas con respecto a los resultados esperados en los estudiantes. Esta fase cumple con los siguientes fines: (a) identificar y definir el problema, (b) seleccionar las intervenciones, (c) evaluar la efectividad de las intervenciones y (d) seleccionar modificaciones adecuadas para los programas existentes. Estos datos son vitales para ayudar a identificar escuelas inseguras y promover los cambios en la ejecutorias generales de manejo conductual.

Este modelo adquiere eficiencia cuando el sistema de monitoreo en el desempeño de los estudiantes es diaria y continua, y se utiliza esta información para tomar decisiones. Le efectividad del sistema de información conductual necesita como mínimo cumplir con los siguientes criterios: (a) definiciones exhaustivas y mutuamente excluyentes de los comportamientos importantes, (b) procedimientos facilitadores para la recolección, almacenamiento y manipulación

---

[234] Idem., p. 9.

eficiente de los datos, (c) procedimientos para adjudicar decisiones fundadas en datos y planificación de acción.[235]

La institución de ACPE en su fase de implantación debe enfocarse como sistemática/organizacional. La lógica de implantación del modelo ACPE se desarrolla mediante seis eventos: (a) establecer el equipo de liderazgo, (b) diseñar procedimientos para recopilar datos eficientes y recolectar datos relevantes, (c) analizar e interpretar los datos regularmente, (d) especificar los resultados relevantes y medibles basados en los datos, (e) identificar y adaptar prácticas basadas en evidencia para incrementar la probabilidad de obtener los resultados esperado, (f) asegurar compromisos y acuerdos con la comunidad escolar para asegurar los resultados esperados, (g) desarrollar un plan con el fin de preparar a la comunidad y el ambiente escolar para la implantación constante y precisa de las estrategias, (h) implantar las estrategias con alta precisión por un periodo sostenido, (i) monitorear y evaluar la precisión de la implantación y el progreso logrado con relación a los objetivos y (j) realizar modificaciones, cuando se requieran, para maximizar la efectividad del establecimiento del proyecto de prevención y los resultados esperados[236].

Ferguson et. al., (2007)[237], realizaron un meta-análisis con el fin de examinar los efectos de programas anti-acoso escolar en las escuelas publicas de los Estados Unidos de América, y proveer criterios para evaluar los mismos. El análisis de la revisión de literatura del meta-análisis determinó que: el acoso escolar se define como una conducta agresiva, intencional, repetitiva inducida por una persona o grupo contra una persona o grupo con menor poder.[238] Aunque, no existe consenso con relación a la conceptualización del término. Por otra parte, desde un enfoque holístico, algunos estudiosos del tema, definen acoso escolar como "la exposición, repetida y a través

---

[235] Idem., p. 10.

[236] Idem., p. 12.

[237] Christopher J. Ferguson et. al., "The effectiveness of school anti-bullying programs: A Meta-Analytic Review, *Criminal Justice Review*, vol. 32, núm. 4, 2007, p. 1.

[238] Idem., p. 402.

del tiempo de acciones negativas de uno o más estudiantes".[239] Asimismo, del análisis de la revisión de documentos, se encontró que los programas anti-acoso en las escuelas son diversos según como se defina y comprenda el acoso escolar. Por ejemplo, recientes estudios sugieren factores genéticos como los causantes de la violencia, considerando al acosado como un ser humano "deficiente en su inteligencia emocional y en su habilidad para interaccionar y manipular información producto de la interacción con sus pares; y que tienden a responder con conducta agresiva".[240] Sin embargo, la literatura además sugiere que los acosadores son "diestros en la manipulación social...no reaccionan empáticamente con relación a sus victimas". Por ende, muchos de los programas anti-acoso escolar están fundamentados en una dimensión emocional y cognitiva, sensibilidad moral y empático.

La metodología del estudio descrito se baso en tres elementos. El primero, selección y categorización de los estudios. Se usaron cinco criterios para dichos fines: (a) artículos publicados entre los años 1995 y 2006 con el fin de examinar las tendencias de los programa anti-acoso escolar, (b) las variables de producto claramente cuantificables con algún elemento de la conducta de acoso escolar dirigida a estudiantes en la escuela, (c) artículos con grupos de control y experimental, los de diseños pre-prueba solamente, no fueron incluido; (d) programas de intervención en el escenario escolar y (e) se incluyeron solamente publicaciones revisadas por pares. Solamente cumplieron con todos los criterios 42 publicaciones. El segundo elemento, consistió en la calcular efectos estimados por tamaño, el coeficiente de correlación de Pearson se transformo a la z de Fischer para tales fines. Como tercer elemento, las estadísticas y el análisis sesgado (cuando se va a los extremos) de las publicaciones. El análisis de los datos del meta-estudio identificó las siguientes conclusiones:

---

[239] Idem., p. 402.

[240] Idem., p. 403.

1. Los programas anti-acoso en el escenario escolar no son prácticamente efectivos para reducir el acoso escolar o conducta violenta en las escuelas

2. Una posible explicación de la previa conclusión es que en el acoso escolar, el acosador está en mayor ventaja que una persona no-acosadora. Los acosadores son agresivos, con personalidades dominantes, alta autoestima y son niños y niñas normales. El acoso escolar es una estrategia efectiva, para el acosador, con el fin de escalar posiciones de prestigio entre sus pares utilizando a sus pares. Como los programas anti-acoso escolar puede beneficiar más a la víctima que el acosado, pero el acosado no percibe beneficios personales al participar y/o aceptar recomendaciones de estos programas. Por lo tanto, en la ausencia de incentivos efectivos para los acosadores, existe muy poca certeza de la efectividad de los programas anti-acoso.

3. Una segunda explicación, de la conclusión de este estudio, es que la conducta violenta incluye dos factores causales: genéticos como también los no-genéticos. Entonces para que el programa de intervención anti-acoso sea efectivo debe considerar en su bases conceptuales los fundamentos biológico del fenómeno.

4. La tercera explicación sugiere que estos programas han sido implantados durante un tiempo de decrecimiento de la violencia escolar (por causas muy poco comprensibles).[241]

En la misma corriente de estudios Cook et. al., (2010)[242] realizaron un meta-análisis enfocado a identificar los factores predictores de acoso escolar y victimización en niños, niñas y adolescentes. De un espacio muestral de 1622 artículos identificados en la revisión de

---

[241] Idem., p. 410.

[242] Clayton R. Cook et. al., "Predictors of bullying and victimization in childhood and adolescence: A Meta-analysis investigation", *American Psychological Association*, vol. 25, num. 2, 2010, p. 1.

documentos, solamente 153 artículos fueron analizados con muestras independientes.[243]

Los resultados del meta-análisis con respecto a información descriptiva del estudio es como sigue: (a) el 37% mezclados, y un 29% entre 5 y 11 años de edad; (b) el 61% de los artículos fueron publicados entre 2001 a 2005 y un 16% entre los años 1990-1995; (c) la fuente de información, auto-informes, 78% e informes de pares, 16% y el enfoque de medida, el 52% medición de la agresión y un 48% medición de acoso escolar.[244]

Los factores predictivos se agruparon en dos categorías. La primera predictores individuales: género, edad, externalización, internalización, competencia social, otras relaciones cognoscitivas, resolución de problemas sociales y ejecución académica. En torno a los pronosticadores contextuales: ambiente familiar, clima escolar, factores comunitarios, estado de pares e influencia de los pares.[245]

El procesamiento de datos consignó las siguientes conclusiones:

1. Dado el supuesto que el acoso escolar acontece, por definición, en un contexto social y éste es influenciado por las características personalizadas del niño o niña y las características contextuales del entorno. Es indispensable, entonces, la aplicación de diseños de investigación más sensitivos en función de los efectos personalizados de los estudiantes y su relación con su ambiente.

2. El perfil del acosado promedio se caracteriza por: exhibir conducta externa significativa, con síntomas internos, poseer competencias sociales como académicas, manifestación de actitudes negativas y creencias adversas de los demás seres humanos, tiene auto-cognición negativa, incapaz de resolver problemas con los demás, producto de un ambiente

---

[243] Idem., p. 66.

[244] Idem., p. 71.

[245] Idem., p. 75.

familiar caracterizado por conflictos y pobre monitoria parental

3. El acosado o víctima típico se caracteriza por: uno que le gusta demostrar síntomas internamente; pobres destrezas sociales; posee un concepto cognitivo negativo; experimenta dificultades para solucionar problemas sociales; producto de comunidades, familias y ambiente escolar negativo y sus pares lo rechazan o excluyen.

4. Los varones están más involucrados en el acoso escolar en comparación con la féminas para buscar prestigio y estatus dentro del grupo.

5. El ambiente familiar, clima escolar y factores comunitarios significativos predicen si un niño o niña actuará como un acosador o acosado

6. Un predictor para ser acosado o acosador es tener escasas destrezas sociales y emocionales para solucionar problemas sociales.

7. Pobre ejecución académica es un pronosticador significativo para manifestar una conducta acosadora; no para ser acosado.

8. Manifestación de actitudes y creencia negativas contra los demás es un pronosticador significativo para convertirse en acosador; pero no en víctima.

9. Los acosadores son más competentes social y emocionalmente en comparación con los acosados.

En la siguiente tabla, número 39, presentamos los puntos convergentes entre el nivel internacional con el nivel estatal en función al acoso escolar. Se resalta en la citada tabla como las variables pronosticadoras del acoso escolar coinciden en ambos niveles.

Tabla 39 – Puntos en común entre el nivel internacional y estatal

Puntos en común
1. Conceptualización y características del acoso escolar y ciberacoso.
2. Perfil del acosador, acosado y observadores.
3. Tendencias del acoso escolar y ciberacoso.
4. Factores propiciadores del acoso escolar y ciberacoso.
5. Variables pronosticadores del acoso escolar.
6. Metodologías para estudiar el acoso escolar y ciberacoso (cualitativos cuantitativos

En la próxima sección examinaremos y analizaremos el acoso escolar y ciberacoso desde la perspectiva del nivel local, es decir: Puerto Rico. Se analizarán los esfuerzos del Estado por lidiar con tan ingentes trastornos sociales en la comunidad escolar y los de las organizaciones sin fines de lucro y otros sectores de la sociedad. Además los estudios formales, conferencias, paneles y artículos de prensa al respecto.

2.3.3 El acoso escolar a nivel local (Puerto Rico)

En lo que respecta al Departamento de Educación de Puerto Rico, la primera acción afirmativa contra el acoso escolar, aunque no se menciona el ciberacoso, lo constituyó el Memorando del 4 de diciembre de 2008[246], proclamado la **Política Pública para Establecer la Prohibición de Actos de Hostigamiento e Intimidación ("Bullying")** firmada por el entonces Secretario de Educación Hon. Rafael Aragunde Torres. En el mismo se incluye un protocolo titulado: *Manejo de Situaciones de hostigamiento e intimidación escolar* (Ver Anejo I). Este documento es producto de la Ley 49

---

[246] Estado Libre Asociado de Puerto Rico: Departamento de Educación, *Política Pública para establecer la prohibición de actos de hostigamiento e intimidación ("Bullying") entre estudiantes en las escuelas públicas*, Estado Libre Asociado, San Juan de Puerto Rico, 2008, p. 1.

del 2008[247], la cual enmienda la Ley Núm. 149 del 1999. Memorando desconocido, aparentemente, por la mayoría de los ciudadanos. Por otra parte, está la Ley 37 del 8 de abril de 2008[248] dirigida a las escuelas pública del país con fin de que las mismas establezcan mecanismos contra al acoso escolar. Ninguna de las layes antes mencionadas trabaja el tema del ciberacoso.

Sin embargo, según parte de prensa del periódico El Nuevo Día[249], a comienzos de verano de 2012, y con mayor intensidad en agosto, miles de estudiantes de escuelas privadas y públicas, sus padres y trabajadores sociales participarán de un nuevo llamado *De Frente, Reconócelo, y Detenlo* para combatir el acoso escolar y el ciberacoso (Preventivo). El mismo es auspiciado por La Administración de Servicios de Salud Mental y Contra la Adicción (ASMCA). Otra noticia del *Nuevo Día*[250] reseña el estudio pionero titulado *Bullying in Puerto Rico: A Descriptive Study*, realizado por la firma independiente de consultoría *Parenting Resources*. Con una muestra de 1,261 estudiantes de tres escuelas públicas y dos privadas de la zona metropolitana. La recopilación de los datos fue desde el 2008 hasta diciembre de 2011. El análisis de los datos concluyó que:

1. Las niñas cometen más agresiones que los niños actos de violencias más comunes en la escuela elemental, especialmente en cuarto y quinto grado.

---

[247] LexJuris de Puerto Rico, *Ley 49 del 29 de abril del 2008*, San Juan de Puerto Rico, LexJuris Puerto Rico, 2008, p. 2.

[248] LexJuris Puerto Rico, Ley Núm. 37 de 10 de abril de 2008, San Juan de Puerto Rico, LexJuris Puerto Rico, 2008.

[249] El Nuevo Día, *Plan para combatir el acoso escolar en las escuelas*, San Juan de Puerto Rico 10 de mayo de 2012, p. 42.

[250] El Nuevo Día, Retratado el acosador escolar San Juan de Puerto, San Juan de Puerto Rico 3 de diciembre de 2011, p.12.

2. Un 16% de los estudiantes consultados fue víctima de acoso escolar dos o tres veces previo a los dos meses antes de responder el cuestionario.

3. El 20% de los encuestados identificó a una niña como su agresor, mientras que el 18% señaló a un niño.

4. El 25% de los menores acosados está en el nivel elemental, un 13% en la intermedia y el 9% en el nivel superior.

5. En cuarto y sexto grado es la mayor frecuencia de acoso escolar, un 33% y un 25% respectivamente.

6. Los estudiantes de los niveles elementales denuncian más porque no tienen miedo y son más propensos a buscar ayuda.

7. Los estudiantes adolescentes, contrario al nivel elemental, los acosados no informan ni buscan ayuda.

8. El 12% de los estudiantes de undécimo grado y el 12% de octavo grado se autodenominó acosador, en el nivel elemental solamente un 3%

9. La modalidad de acoso escolar más frecuente es el verbal y solamente un 5% informo ciberacoso.

10. El estudio verificó que las tendencia del acoso escolar es similar a la de los Estados Unidos de América, contexto que permite utilizar los modelos de intervención exitoso en dicho país.

11. Los acosadores son: líderes de grupo, controladores, les gusta el poder y por eso los demás niños, sea con miedo o sin miedo, lo respetan y lo siguen.

12. El acosado necesita con desesperación tener poder, disfruta con el poder, es impulsivo y se enfada con facilidad, siente

hostilidad hacia su entorno, es desafiante y agresivo y muestra satisfacción produciendo daño.

13. La víctima es: sensible, callada, apartada o tímida; sufre de pobre autoestima y generalmente no posee ni un solo buen amigo y se relaciona mejor con los adultos.

En la misma corriente de investigación la Dra. Maribel Rivera Nieves[251], realizó un estudio con el objetivo de conocer la naturaleza y frecuencia del acoso escolar, sus modalidades más frecuentes, los sentimientos más emergentes y las estrategias utilizadas para lidiar con el acoso escolar en el contexto escolar. La investigadora utilizó una muestra de 716 estudiantes de nivel intermedio (séptimo a octavo grado) del Sistema Educativo de Puerto Rico, de los pueblos de San Juan, Carolina y Trujillo Alto, para el año 2010. La muestra fue voluntaria. Se les administró un cuestionario estructurado con 19 reactivos cerrados y una pregunta abierta. La metodología fue mixta: cuantitativa y cualitativa.

Las conclusiones del estudio fueron las siguientes:

1. El perfil de la muestra se constituyó por: adolescentes entre 14 años de edad (32.4%); un 52.1% solos con la madres; el 47.9% sin al padre y el 49.6% con un núcleo familiar compuesto por tres o más hermanos.

2. Un 73.5% se llevan bien con sus pares; el 20.5% de los alumnos consultados manifestó: "ni bien, ni mal en la escuela un 3.2% les pareció indiferente y el 2.5% dijo: "llevarse mal".

3. Con relación a la modalidad de acoso escolar: el 65% indicó burlas y ridiculización; otro 50% romper y esconder; el 44% con insultos y amenazas y el 38% expreso agresión física.

---

[251] Maribel Rivera Nieves, *Las voces en la adolescencia sobre bullying: Desde el escenario escolar*, EE.UU., Palibrio, 2011.

4. El 33.5% de los acosados desconocen la causa del acoso; 27.2% indicó que son víctimas porque a su agresores les gusta molestar; un 19.9% expresó que ser diferente es la causa de su maltrato; un 9.9% provocación, debilidad, 8.8. % y el 1% lo tenía merecido.

5. El 36.6%, de las víctimas respondió agrediendo verbalmente o físicamente, un 31.3% dialogando con los amigos y amigas; el 26% se lo ha comentado a sus padres y el 16.1% a los profesores.

6. En función de los observadores pasivos: el 51% de los agresores son compañeros del mismo grado, seguido del 39.2% que son de otros grados; un 30% acosadores de otros grados y más altos y el 15.9% indicó que provienen de otras escuelas.

7. Un 19.7% se identificó como acosador.

8. Los acosadores informaron que las principales causas para acosar fueron: (a) bromear, 51.5% y (b) porque me provocaron, 22.8% (c) un 41% declaró no haber acosado a nadie y (d) un 13% dijo desconocer las razones para el acoso.

9. La cancha o el patio son los lugares frecuentes de acoso escolar, según el 51.7%, luego el salón de clases (41.2%), los pasillos con 36.7%, en los baños un 16.9% y un 15.4% informó desconocer el lugar del acoso escolar.

10. Un 38.3% de los consultados entiende que hay solución para el acoso escolar, él 49.3% desconocía al respecto; mientras que el 10.3% expresó que es un problema sin solución.

11. Las estrategias recomendadas por los entrevistados para manejar el acoso escolar fueron: Implantar medidas disciplinarias más severas; promover que padres y personal

docente colaboren; Disponer de mayor seguridad, para evitar las discusiones; Llevar a cabo actividades educativas relacionadas al tema; Establecer comités de mediación de conflictos y Organizar grupos de apoyo de estudiantes.

12. Las recomendaciones más destacadas fueron las siguientes: Incorporar a las escuelas, equipos profesionales de orientación de la conducta humana que puedan apoyar a las familias de los estudiantes; Crear programas de intervención en coordinación con el Departamento de la Familia, cuyo propósito sea la enseñanza de valores de tolerancia, respeto a la diversidad y a la dignidad humana, así como el trabajo dirigido al desarrollo de la autoestima y de las destrezas sociales; Prestar atención a los estudiantes del último grado de primaria con finalidad puramente preventiva; Fomentar la prevención y resolución de conflictos de violencia escolar en el contexto escolar y Promover más estudios con el fin de determinar el comportamiento violento entre los estudiantes y desarrollar estrategias de intervención encaminadas a prevenir el acoso entre pares y estimular estilos de vida adecuados que propendan a una mejor calidad de vida para esta población.[252]

El estudio anterior es claro, objetivo, conciso, lógico y con amplitud. Nos toca ahora plantear el *Panel sobre "Cyberbullying"* en La Semana De La Biblioteca[253]. Los asuntos mas relevantes discutidos fueron los siguientes (a) la llamada Generación del Milenio para los cuales estar conectados a internet es vital y han demostrado un uso inadecuado de la tecnología, desvalorizando las normas gramáticas del lenguaje y relaciones interpersonales en el mundo real, han sustituido la vida real por una virtual; (b) algunas de las modalidades del ciberacoso son los insultos, la denigración, las fotos denigrantes, canciones, amenazas y revelación de información confidencial; (c) se presentó un enfoque estratégico sobre cómo prevenir e intervenir en eventos

---

[252] Idem., pp. 66-94.

[253] Rama Judicial de Puerto Rico, Panel sobre "Cyberbullying" En La Semana De La Biblioteca, San Juan de Puerto Rico, Rama Judicial de Puerto Rico, 2011, p. 1.

de acoso escolar, algunas estrategias para prevenir el acoso escolar son: promover factores protectores nivel individual y ambiental tales como el cariño, demostraciones de afecto, practicar una supervisión adecuada por los padres, estimular la disciplina, el buen modelaje, el manejo adecuado de las emociones, la vigilancia y la protección en las escuelas, entre otras. Puntos expuestos por la Dra. María de los Ángeles Ortiz, Catedrática de la Escuela Graduada de Educación de la Universidad de Puerto Rico[254].

El Dr. Enrique Gelpi, Sicólogo con práctica privada y especialista en niños y adolescentes disertó sobre "Bullying: perfil sociológico y manejo del acosado y el acosador". A tales efectos, recalcó, que en el siglo XXI, los padres han depositado la crianza de sus hijos en la escuela, el cuido o las tutorías y los padres tienen muy poco tiempo efectivo al día con sus hijos. Declaró estos factores como de riesgos para una pobre salud emocional de los niños. Identificó indicadores para evidenciar cuando un menor es víctima de ciberacoso como son: cambios radicales en su comportamiento, irritabilidad, conducta agresiva, distracción continua, estado de ánimo voluble, ansiedades, pesadillas, llanto, n o desea asistir a la escuela, llega con la ropa rota, le pide dinero o le roba y llevar un arma, entre otras.[255] Finalmente, el Dr. Gelpi, recomienda a los padres a promover lazos de apego con sus hijos, supervisar su conducta si esta es agresiva, ser un modelo positivo para sus hijos, ayudarlos en la resolución de conflictos y ser empáticos.[256]

Otro estudio realizado por Rivera[257], versa sobre la situación de ciberacoso en las escuelas privadas y publicas de Puerto Rico. Según los resultados preliminares de este estudio "la modalidad de *cyberbullying* parece estar en aumento,…, en las que un porciento significativo de los encuestados reconoció haber sido acosado, por

---

[254] Idem., p. 1.

[255] Idem., pp.1-2.

[256] Idem., p. 2.

[257] Maribel Rivera Nieves, "Estudio sobre el ciberacoso en las escuelas publicas y privadas de Puerto Rico", Primera Hora, 28 de mayo de 2012, pp.2-3.

124

lo menos, a través del celular".[258] Además en el estudio se significó: un 15 por ciento de los estudiantes consultados de las escuelas públicas manifestó ser victima de acoso cibernético mediante el celular o la cámara de video; mientras que un 24 por ciento de estudiantes de escuelas privadas.[259] La Dra. Rivera esgrimió "Interesante es que, al menos en papel, Educación prohíbe los celulares en las escuelas".

Por otra parte, la directora del Programa de Trabajo Social del Departamento de Educación de Puerto Rico, Sra. Inés Rivera, "aseguró que la restricción existe, pero a quien le toca hacerlo no lo hace, [posiblemente se refiere a los administradores escolares]".[260] Añadió "Nuestra realidad es que, si alguna agencia tiene reglamentación somos nosotros".[261]

Rivera[262], diseño un proyecto de intervención para lidiar con el acoso escolar con un protocolo de acción constitutivos de tres fases fundamentales. La fase uno, es recopilar información. La misma está compuestas por nueve sub-fases: Entrevistar a la victima, Citar al equipo mediador, Citar al agresor, Convocar al cuerpo docente, Citar para entrevista a las familias de los estudiantes implicados, Citar a terceras personas implicadas en el incidente, Convocar el equipo mediador, Solicitar el apoyo de profesional de ayuda y documentar todos los eventos.[263] La fase dos consiste en el análisis de situación y adopción de medidas. En esta fase la Junta de Docentes a base de la información recopilada en la fase uno, decidirán sobre medidas a implantar (por ejemplo: protección de la victima, acciones correctivas para los agresores e iniciar un proceso de mediación entre los estudiantes actores del proceso, considerando las leyes y/o reglamentos que

---

[258] Idem., p. 2.

[259] Idem., p. 2.

[260] Idem., p. 2.

[261] Idem., p. 2.

[262] Maribel Rivera Nieves, *El manejo del acoso escolar (bullying)*, Puerto Rico Stop Bullying Association, Inc., 2010, pp. 22.

[263] Idem., p. 6.

contienen los derechos y deberes de los estudiantes.[264] Finalmente, la fase tres seguimientos continuo, consiste en observación, análisis y evaluación de las acciones correctivas instituidas para asegurar su cumplimiento, y de requerir cambios realizar los mismos. Esta fase puede ser diligenciada por al Trabajador Social, Orientador Académico o Psicólogo Escolar.[265]

Además menciona la Dra. Rivera en el referido proyecto para intervenir con el acoso escolar las responsabilidades de la escuela en torno a estos eventos, las más significativas son: (a) los eventos de acoso escolar tienen repercusiones legales y (b) leyes que obligan a las escuelas a respetar los derechos civiles inalienables de los estudiantes, maestros, directivos y demás personal escolar, (c) el peso de la prueba recae sobre la institución educativa, es decir, la escuela tiene que evidenciar que se realizaron acciones a tiempo para evitar el acoso escolar, (d) la celeridad es un factor esencial para identificar señales de acoso escolar y concretizar acciones efectivas para lidiar con el acoso escolar, (e) documentar con las respectivas firmas de los implicados, de los interventores en la situación y de los padres de los implicados, (f) la institución educativa debe tener un plan de convivencia escolar con su correspondiente plan de acción y divulgado a la comunidad escolar así como de accione preventivas.[266] Asimismo, se mencionan estrategias de prevención del acoso escolar, como las siguientes: "(a) Una comprensión lo más objetiva posible del tipo de incidentes, (b) Utilización de elementos de mediación que permitan prevenir posibles agresiones, (c) La concienciación colectiva de las normas mínimas que todo miembro de la institución debe seguir".[267] De igual forma, se sugiere la elaboración de un código común de modalidades aceptables por la comunidad escolar enfocadas a manejar los problemas de acoso escolar con éxito.[268] Para lo cual se

---

[264] Idem., pp. 8-10.

[265] Idem., p. 11.

[266] Idem., pp. 13-14.

[267] Idem., p.15.

[268] Idem., p. 17.

presentan principios de sana convivencia, plan de normas y supervisión y estrategias de intervención.[269].

La investigadora previamente citada diseño un modelo preventivo contra el acoso escolar titulado Modelo de Intervención sobre Acoso Escolar (MISAE).[270] El modelo sostiene un enfoque integral y sistemático con todos los componentes vinculados el desarrollo de los educandos, el efecto de su familia, escuela y comunidad en el fenómeno de acoso escolar. También el mismo se basa en nueve ejes básicos de acción directa para prevenir el acoso escolar y se cimenta en dos principios: Implantar medidas preventivas y atención correcta [a] situaciones de bullying. Los componentes del modelo MISAE son como sigue:

1. Escolar - Incluye tres ejes básicos: medidas de protección, medidas de aceptación y de reconocimiento.

2. Padres – Como un equipo multidisciplinario con el fin de: servir de un canal de diálogo, control y supervisión de conducta, determinar límites y normas, educar sobre el control de emociones y observar, estados de ánimo y cambio de hábitos.

3. Dirección y personal docente – Plan de convivencia, el cual consta de: comunicación, disciplina, supervisión; normas, acciones y consecuencias.

4. Protagonistas – agresores, victimas y observadores.

5. Evaluación – Incluye evolución caso concreto y efectividad intervención (evidencia).[271]

---

[269] Idem., pp. 18-20.

[270] Maribel Rivera Nieves, *Programas para prevenir el acoso escolar*, Puerto Rico Stop Bullying Association, Inc., 2011, p.11.

[271] Idem., pp. 11-12.

Luego de esta exposición de los documentos examinados en Puerto Rico sobre el acoso y ciberacoso, estamos a punto de contrastar estos temas con el nivel internacional y estatal. El investigador diseñó dos tablas para dicho fin. La tabla número 40, contiene puntos a fines y no afines sobre el tema del acoso escolar y el ciberacoso comparando el nivel local con los niveles internacional y estatal. Por otra parte, la tabla número 41, recopila información, comparativa entre el nivel estatal y el local.

La tabla número 40, incluye el contraste entre el nivel internacional y el local. Al analizar la comparación entre nivel internacional con el local, se observa claramente, varios puntos de concurrencias importantes. Sin embargo, en los fundamentos investigativos para diagnosticar, contextualizar y fijar bases teóricas empíricas que dirijan posteriores estudios y planificaciones de proyectos de prevención e invención contra el acoso escolar y ciberacoso a nivel del país, su existencia al día de hoy 28 de junio de 2012, son irreales en el Sistema de Educación Publica de Puerto Rico. Aunque el Departamento aduce que se están realizando esfuerzos significativos en la prevención e intervención contra el acoso y ciberacoso. Pero, se esperan desarrollar para un futuro cercano. De igual forma es el contraste entre el nivel estatal y local, según la tabla número 41. A pesar de la relación particular entre los Estados Unidos de América y Puerto Rico, la ausencia de un estado del arte en torno al acoso escolar (Bullying y Cyberbullying) es inexistente. Asimismo, una puntualizada falta de modelos, proyectos, estrategias y planes encaminados a intervenir con el acoso escolar: en las modalidades de prevención e intervención. El Sistema de Educación de Puerto Rico contrario a los Estados de América no tiene una campaña de divulgación e información sobre los esfuerzos anti-acoso escolar a través de los medios de comunicación del Estado ni privados.

Tabla 40 – Convergencias y divergencias entre el nivel internacional y local

Puntos en común	Puntos en descomún
Definición, características, tipología de acoso escolar, factores de riesgos de causas y efectos en los acosados, acosadores, observadores, núcleo familia, escuela y sociedad.	Inexistencias de vastos estudios ni meta-estudios sobre acoso escolar a nivel local auspiciados por el Departamento de Educación de Puerto Rico. Tampoco existen estadísticas producidas por el Estado confiables y reales sobre la situación del acoso y ciberacoso en las escuelas de Puerto Rico. Aunque organizaciones privadas sin fines de lucro como: Puerto Stop Bullying, Inc., Parenting Resources, y BEST (Bullies Education for Successful Teaching), entre otros, han desarrollados estudios descriptivos sobre esta problemática.
Definición, características, tipología de ciberacoso, factores de riesgos de causas y efectos en los acosados, acosadores, observadores, núcleo familia, escuela y sociedad.	Ausencia marcada de estudios de ciberacoso por parte del Estado.
Estudios cuantitativos y cualitativos.	No existen proyectos de prevención contra el acoso y el ciberacoso y muy pobre de intervención.

Tabla 41 – Convergencias y divergencias entre el nivel estatal y local

Puntos en común	Puntos en descomún
Definición, características, tipología de acoso escolar, factores de riesgos de causas y efectos en los acosados, acosadores, observadores, núcleo familia, escuela y sociedad.	Inexistencias de vastos estudios ni meta-estudios sobre acoso escolar a nivel local. Tampoco estadísticas confiables a y actualizadas de la situación en Puerto Rico. Existen a nivel de asociaciones privadas sin fines de lucro y la Academia.
Definición, características, tipología de ciberacoso, factores de riesgos de causas y efectos en los acosados, acosadores, observadores, núcleo familia, escuela y sociedad.	Ausencia marcada de estudios de ciberacoso por parte del Estado.
Estudios cuantitativos y cualitativos.	No existen proyectos de prevención contra el acoso y el ciberacoso y muy pobre de intervención.
Política pública estatal anti-acoso escolar y ciberacoso.	La ciudadanía desconoce los esfuerzos del Estado para lidiar con el acoso escolar y el ciberacoso.

En la próxima sección entraremos de lleno a la médula de este estudio los paradigmas: ¿Qué son?, ¿Cuáles son sus características? ¿Su función? y la tipología.

2.4 Los paradigmas

2.4.1. Concepto, funciones y características de los paradigmas

Paradigma a palabras de José Esteves de Vasconcellos cit por De' Carli (2009)[272], ha sido utilizada ampliamente para significar la manera en que el ser humano percibe y actúa sobre el mundo. En las palabras de este autor

---

[272] Johnny De' Carli, *Los paradigmas, significados y objetivos*, España mayo de 2009, p. 2.

"definimos los paradigmas [...] como conjuntos de reglas y normativas que además de que establezcan límites – lo hacen en general los patrones de comportamiento – estas reglas y esas normativas van a decirnos cómo tener éxito en la solución de situaciones-problemas, dentro de esos límite"(p.2).[273]

El vocablo paradigma es un modelo o patrón que me guía estudiar los fenómenos y de la realidad. Representa una manera de aprender a aprender y, fijar normas para el desarrollo del conocimiento futuro. Es decir, un paradigma es un instrumento conceptual para utilizarse como un parámetro de referencia para una ciencia, y funciona como un faro o estructurada ideal y digna de ser adoptada. Se puede plasmar con certeza que el paradigma representa los contenidos de una visión del mundo. Los seres humanos actúan dependiendo de los axiomas de su paradigma: los seres humanos comunes desconocen de los paradigmas que gobiernan sus vidas.[274] Y sienten, perciben el mundo y lo comprenden según su paradigma.

De la misma manera acontece en la ciencia y demás disciplinas. Los científicos son condicionados por los paradigmas. Si el investigador no comprende, el sentido, la dinámica y las posibilidades de los paradigmas, éste está a la merced de una dictadura que cada visión del mundo le impone. Ante tal vorágine el científico no podrá realmente tener un visión clara porque entrevé un aspecto aceptable y otro como no. Por otro lado, si el científico conoce el conjunto de axiomas que delimitan su visión de percibir los fenómenos, éste podrá tener un conjunto de abanico de posibilidades que le permita percibir con mayor flexibilidad el mundo real.

---

[273] Idem., p. 2.

[274] Idem., p. 2.

2.4.2 Tipos de paradigmas

2.4.2.1 Paradigma Mecanicista

Es con el filósofo y matemático René Descartes y el brillante físico, astrónomo, místico y matemático inglés Isacc Newton que emanó el Paradigma Newtoniano-Cartesiano (Mecanicista) Esta visión de vida preconiza:

1. El tiempo es lineal, y el espacio tridimensional absoluto y constante.

2. Solamente es real la existencia concreta, los fenómenos percibidos por los órganos sensoriales del cuerpo o que es cuantificable por objetos tecnológicos precisos. Dios no está en este paradigma.

3. La fragmentación, dejando a un lado las características propias de un conjunto, para conocer el todo, es necesario romper en sus componentes y estudiar cada uno de ellos separadamente: dividir para separar.[275]

2.4.2.2 Paradigma Holístico

Debido al disgusto con el paradigma mecanicista, a principios de siglo XX surge el Paradigma Holístico. La palabra holismo posee el prefijo griego *holo* que significa entero, completo, total e integral. Holística significa denotar que los fenómenos del Universo acontecen de modo simultáneo e interdependiente.

La visión holística subraya la importancia de la evolución de las partes para alcanzar la armonía en la totalidad. Valora el respeto a la naturaleza a sus formas de vida y a los valores culturales. Asimismo, este paradigma es colectivo, cooperativo, complementario y heterogéneo. Esta estudia el mundo usando el análisis y la síntesis. El holismo no es la suma de las partes, sino la captación de la totalidad orgánica, una

---

[275] Idem., p. 4-5.

y diversa en sus partes, pero siempre articuladas entre sí dentro de la totalidad. En esta cosmovisión Dios ingresa en el panorama como el creador del universo. Se da una relación íntima entre el creado y el creador.[276]

Womper (2010)[277], esgrime una visión integral de la educación fundadas en los siguientes principios:

1. El ser humanos posee una capacidad ilimitada para aprender.

2. El aprendizaje es un proceso vivencial.

3. Se reconocen múltiples caminos para obtener el conocimiento.

4. Aprender solo puede tener lugar en una ambiente de libertad.

5. Educar para una ciudadanía global y el respecto a la diversidad.

6. Educación ecológica y sistémica.

7. La espiritualidad es la experiencia directa de la totalidad y el orden interno.

De hecho, este paradigma constituye una filosofía, una manera de mirar al ser humano en función de una escala de valores. La cual consiste en entender al ser humano como una unidad de cuerpo, mente y espíritu, vínculos, medio ambiente, cultura historia personal y todo aquello que lo conforme tal cual es.[278]

---

[276] Idem., p. 12.

[277] Fredy Hardy Wompner Gallardo, *Inteligencia holística la llave para una nueva era*, Biblioteca virtual, de derecho, economía y ciencias sociales, 2010, p. 1.

[278] Idem., p. 13.

2.4.2.3 Paradigma Ecológico

El denominado paradigma ecológico forma parte del espacio epistemológico y metodológico cualitativo, aparece en el escenario de las ciencias sociales durante los últimos años de la década de los setenta, con autores como Tikunoff, Doyle, Koeler y Urie Bronfenbrenner. El modelo ecológico objeto de discusión es el Bronfenbrenner.

El profesor Urie Bronfenbrenner, del Departamento de Desarrollo Humano y Estudios sobre la Familia de la Universidad de Cornell en Ithaca publica su obra titulada *La ecología del desarrollo humano*[279] La tesis fundamental de este paradigma es que: "el desarrollo integrar del ser humano es un proceso dinámico y continuo entre la personas con simultaneas interacciones con sus contornos".[280] En otras palabras, el ser humano es afectado por las multiplicidades de entornos, pero la persona incide sobre esos contornos: es bidireccional y reciproca. Para Urie el ambiente ecológico es una disposición seriada de estructuras concéntricas, donde una está contendida en la otra. Bronfenbrenner postula cuatro niveles que afectan directamente o indirectamente el desarrollo del ser humano:

- Microsistema: es el patrón de actividades, papeles y relaciones interpersonales que la persona en desarrollo experimenta en un entorno determinado en el que participa.

- Mesosistema: comprende las interrelaciones de dos o más entornos (microsistemas) en los que la persona en desarrollo participa.

- Exosistema: se refiere a los propios entornos en los que la persona en desarrollo no está incluida directamente.

---

[279] Francisco Alberto García Sánchez, *Conceptualización del desarrollo y la atención temprana desde las diferentes escuelas psicológicas*, Reunión Interdisciplinar sobre poblaciones de Alto Riesgo de Deficiencias, España, 2010, p. 1.

[280] Idem., p. 2.

- Macrosistema: son los marcos culturales o ideológicos que inciden el desarrollo del ser humano.[281]

El *Informe mundial sobre la violencia y la salud*[282] apela a un modelo ecológico para comprender la naturaleza polifacética de la violencia. La principal utilidad de este modelo es su colaboración y guía para discernir entre los innumerables factores que incitan en la violencia. Concurrentemente proporcionan un **marco** grafico (véase diagrama 2) para comprender cómo interactúan. Otra virtud de este modelo es que facilita analizar los factores influyentes en los comportamientos propensos a cometer actos violentos clasificándolos en cuatro niveles, según el diagrama modificado por el investigador, al cual se le incorporó un quinto nivel: el mundo globalizado.

El primer nivel, **ser humano o individuo**, se identifican los factores biológicos y de la historia personal que influye en el comportamiento de las personas e incrementa sus probabilidades de convertirse en victimas o ejecutores de actos violentos. Entre las variables que pueden cuantificarse están las características demográficas (edad educación, género, nivel socio-económico, entre otros), los trastornos de la personalidad, las toxicomanías y los antecedentes de comportamientos agresivos o de haber sufrido maltrato.

En el segundo nivel se afrontan las **relaciones** entre el ser humano con su entorno inmediato como la familia, los amigos, las parejas y los compañeros, con el fin de examinar cómo aumenta éstas el riesgo de sufrir o acometer actos violentos.

En el tercer nivel se exploran los **contextos comunitarios** en lo que se desarrollan las relaciones sociales, como las escuelas, los lugares de trabajo, asociaciones y el vecindario con el fin de identificar

---

[281] Idem., pp. 2-3.

[282] Organización Panamericana de la Salud para la Organización Mundial de la Salud, *Informe mundial sobre la violencia y la salud*, Washington, D.C., Organización Panamericana de la Salud para la Organización Mundial de la Salud, 2002, p. 11.

las características de estos ambientes que incrementen el riesgo de actos violentos.

El cuarto nivel se interesa por los factores de naturaleza general concernientes a la estructura de la sociedad incitadores a promover un clima alentador o inhibitorio de la violencia, como la posibilidad de adquirir armas con facilidad y las normas sociales y culturales. Se investiga, también, el papel de los medios de comunicación social en el desarrollo de la violencia, el Estado, organizaciones religiosas y otros sectores sociales.

El quinto nivel es el mundo globalizado mediante la Tecnología de la Información y la Computación. La red global de Internet, correos electrónicos, teléfonos celulares han interconectado a todos los seres humanos que tienen acceso a estas tecnologías.

Diagrama 2 – Modelo ecológico para conocimiento de la violencia escolar

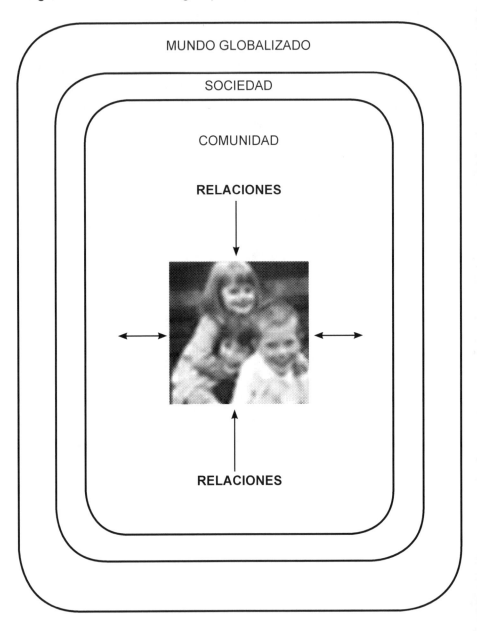

Fuente: Diagrama modificado por el investigador de la OMS (2002)

2.5 Planificación Estratégica

La planificación estratégica hace viable concretizar la visión y misión de un programa, proyecto y/o plan. La planificación estratégica es un proceso, que permite razonablemente la selección de programas, estrategias y actividades de prevención, en este caso anti-acoso y cibernético.[283]

La planificación estratégica se fundamente en una visión colectiva y misión formulada por los patrocinadores y en un análisis detallado sobre cómo evitar el acoso escolar y el ciberacoso. Este análisis podrá facilitar el desarrollo de metas orientadas a la mitigación de la problemática a resolverse. Con el fin de guiar el proceso de planificación estratégica en forma efectiva y eficiente, es necesario auto-preguntarse:

- ¿Cuáles son nuestros mayores problemas?

- ¿Cómo sabemos que éstos son nuestros mayores problemas?

- ¿Qué haremos para enfrentar nuestros problemas?

- ¿Cómo sabremos si nuestros esfuerzos son efectivos?

- ¿Cómo ajustaremos nuestros esfuerzos de acuerdo con los resultados logrados?[284]

La planificación estratégica incluye cinco eventos claves para su adecuado desarrollo:

1. Fijar fechas concretas para finalizar la planificación estratégica con fechas intermedias si fuera necesario.

---

[283] CADCA, *Formando coaliciones: La planificación estratégica*, España, CADCA, 2010, p. 2.

[284] Idem., p. 3.

2. Recopilar información de la comunidad escolar y otras áreas con el fin de incluir datos sobre sus debilidades, oportunidades, fortalezas y amenazas (Matriz FODA, DAFO O DOFA). Mediante el análisis FODA se pretende transformar una amenaza en oportunidad, como provechar una fortaleza, así como prever el efecto de una amenaza y el efecto de una debilidad (Ver Anejo J explicación de los componentes de la Matriz FODA).

3. Identificar la misión de los patrocinadores y desarrollar metas dirigidas a la problemática del acoso escolar y ciberacoso.

4. Seleccionar los pasos necesarios para lograr las metas, incluir objetivos, selección de programas, estrategias, actividades, indicadores básicos, el plan de acción y procedimientos para medir a corto y largo plazo.

5. Establecer medidas para cuantificar el progreso de los programas de prevención e incorporar procedimientos para evaluar los resultados y modificar los programas en una forma ordenada, utilizando constantemente el proceso de la planificación estratégica.[285]

En el próximo capítulo exponemos la metodología de la investigación. El mismo consta de las siguientes secciones: Diseño de investigación, Procedimiento para desarrollar el estudio, Análisis de los datos, Posibles resultados, Beneficios y problemas consecuencias del desarrollo del estudio.

---

[285] Idem., pp. 2-3.

CAPÍTULO 3: <u>METODOLOGIA</u>

3.1 Introducción

El propósito de este estudio fue diseñar una metodología usando la planificación estratégica para elaborar un modelo ecológico y holístico para prevenir el acoso escolar en las escuelas públicas, privadas e instituciones de nivel superior de Puerto Rico. Usando como marco de referencia la cultura, clima, convivencia de la comunidad escolar y los entornos que afectan la misma: individual, relacional, comunitario y social.

En este capítulo exponemos la metodología de la investigación. El mismo consta de las siguientes secciones: Diseño de investigación, Procedimiento para desarrollar el estudio, Análisis de los datos, Posibles resultados, Beneficios y problemas consecuencias del desarrollo del estudio.

3.2 Diseño de la investigación

El objetivo de esta investigación fue planificar un modelo ecológico-holístico para prevenir el acoso y ciberacoso en las escuelas publicas del SEPR, escuelas privadas e instituciones post-secundarias. En este apartado incluimos el diseño del estudio utilizada para desarrollar el estudio, procedimiento para desarrollar el estudio, análisis de los resultados, resultados y beneficios y escollos potenciales resultados de la investigación.

Con el fin de desarrollar este estudio se utilizó un enfoque mixto: cuantitativo y cualitativo. El primero de tipo descriptivo de los documentos examinados. El segundo desde una perspectiva subjetiva, holística, orientado a los descubrimientos, exploratorios, inductivo donde se presume un realidad dinámica.

3.3 Procedimiento

El investigador realizó las siguientes actividades con el fin de desarrollar el estudio y responder las preguntas de investigación

1. Búsqueda, lectura, análisis y redacción de los datos significativos sobre: acoso escolar, ciberacoso escolar, estudios de los mismos, programas de prevención e intervención usando diversas fuentes de información como: Internet, documentos oficiales de los países examinados, congresos, conferencias, revistas especializadas, periódicas, entrevistas directas y libros.

2. Examen de artículos de investigación, ponencias y tesis vinculadas con estudios concernientes al acoso y ciberacoso escolar a nivel: Internacional, Estatal y Local en función de: diagnostico, naturaleza, factores propiciadores de violencia, perfil de los participantes del acoso, proyectos de prevención e intervención y tendencias futuras.

3. Estudio de los paradigmas: naturaleza, funciones y tipos.

4. Planificación estratégica de un modelo ecológico-holístico, el cual incluye: matriz FIDO, fundamentos teóricos conceptuales del modelo, componentes del modelo, interacción entre sus componentes, estrategias de intervención y plan de evaluación.

5. Diseño del Modelo ecológico-holístico para prevenir el acoso y ciberacoso escolar.

3.4 Análisis de los Resultados

Los resultados producto de las actividades antes mencionadas fueron analizadas mediante el siguiente procedimiento. En primer lugar se utilizó la categorización de los resultados del análisis de los documentos revisados en función de las preguntas de investigación. Se procedió a utilizar la metodología de la Planificación Estratégica para diseñar el Modelo Ecologico-Holistico para prevenir el acoso escolar y ciberacoso en el nivel primario e intermedio en las escuelas públicas y privadas de Puerto Rico.

3.5 Resultados

Las consecuencias de esta investigación son los enmarcados a continuación:

a) Planificación de un Modelo Ecológico-Holístico (MEH) para prevenir el acoso y ciberacoso en las escuelas de Puerto Rico.

b) Identificación de los principios del MEH en función de las particularidades de las escuelas públicas y privadas de Puerto Rico.

c) Descripción gráfica del MEH.

d) Identificación de estrategias para prevenir el acoso y ciberacoso.

3.6 Beneficios y Problemas

3.6.1 Beneficios

a) El uso del MED, en forma gratuita, para ser utilizado en las escuelas interesadas gratuitamente.

b) Base de conocimiento para futuras investigaciones sobre los beneficios, alcances y limitaciones del MEH diseños de nuevos modelos.

c) Mitigación y/o desaparición de los casos de acoso y ciberacoso en las escuelas de Puerto Rico.

3.6.2 Problemas secuelas del estudio

a) Ausencia de datos confiables sobre las estadísticas de casos escolares en el SEPR.

b) Carencia de literatura científica, profunda y sistemática sobre estudios del acoso escolar realizados por el SEPR.

c) Acceso prácticamente nulo a información sobre el acoso escolar del SEPR.

En el capítulo inmediato se incluye los resultados a las respuestas de investigación concretizado en la metodología para planificar un Modelo Ecológico/Holístico usando la modalidad de planificación estratégica

CAPÍTULO 4: <u>RESULTADOS</u>

4.1 Introducción

El propósito de este estudio fue diseñar una metodología usando la planificación estratégica para elaborar un modelo ecológico y holístico para prevenir el acoso escolar en las escuelas públicas del SEPR, escuelas privadas e instituciones post-secundarias de Puerto Rico. El entorno de referencia fueron: la cultura, clima, convivencia de la comunidad escolar y los entornos que afectan la misma: individual, relacional, comunitario y social.

En este capítulo se incluye los resultados a las respuestas de investigación concretizado en la metodología para planificar un Modelo Ecologico-Holistico usando la modalidad de planificación estratégica.

4.2 Principios Justificadores del Modelo Ecológico/Holístico

Los fundamentos que dan razón de ser de este modelo son los siguientes:

1. El acoso escolar y ciberacoso es una manifestación de violencia escolar a nivel internacional.

2. Tanto el acoso escolar como y ciberacoso manifiestan una tendencia incremental a medida que transcurre el tiempo.

3. Las leyes no han sido tan efectivas ni persuasivas para reducir significativamente el acoso escolar a nivel internacional, estatal y local.

4. Los modelos, proyectos, planes y estrategias para prevenir el acoso escolar y ciberacoso parecen tener éxito en algunos países y en otros no. Ya que cada país tiene su propia

idiosincrasia lo cual incide en la forma en que acontece el acoso y ciberacoso escolar.

5. Se recalca significativamente proyectos de prevención sin excluir la intervención para lidiar con el acoso escolar.

6. Los niveles educativos de mayor prevalencia del acoso y ciberacoso escolar es en el primario e intermedio.

7. En Puerto Rico no existen acciones concertadas para prevenir el acoso y ciberacoso escolar a nivel nacional; más bien existen esfuerzos aislados por asociaciones privadas sin fines de lucro y la Academia.

8. El Departamento de Educación del Estado Libre Asociado de Puerto Rico, hasta el 10 de junio de 2012, no ha presentado a los ciudadanos un plan a nivel nacional para prevenir el acoso y ciberacoso escolar.

9. Generalmente en la planificación de proyectos para reducir y/o intervenir con el acoso y ciberacoso escolar la participación de la comunidad escolar no es efectiva. Entendiéndose por participación de la comunidad escolar que piensen por sí mismos y denuncien y desempeñen un papel en la toma de decisiones de los asuntos escolares.

4.3 Principios Teóricos y Conceptuales del Modelo Ecológico/ Holístico

Los principios primitivos (paradigma) que le imprimen dirección a este modelo son los siguientes:

1. El ser humano es espíritu, alma y cuerpo (Holístico).

2. El ser humano posee una capacidad ilimitada para aprender (Holístico).

3. El aprendizaje y la educación es un proceso vivencial (Holístico).

4. El ser humano es una totalidad compuesta de diversas, a su vez homogéneo y heterogéneo pero articuladas en sí dentro de una totalidad (Holístico).

5. Aprender y educarse solamente puede tener lugar en un ambiente de sana convivencia (Holístico).

6. El desarrollo integral del ser humano es uno dinámico y continuo entre las personas con simultáneas interacciones con su medios ambientes (Microsistema, Mesosistema, Exositema, Macrosistema y Globalización). (Ecológico).

7. Los múltiples entornos afectan circularmente el desarrollo y conducta del ser humano y viceversa (Ecológico).

8. Para explicar la conducta de los sistemas abiertos, como las escuelas, hay que considerar las variables intrínsecas y las extrínsecas (Ecológico).

9. La convivencia escolar deben ser coherentes con los siguientes principios: coherencia[286], totalidad[287], orientación comunitaria[288], complementariedad[289] y causalidad[290] (Ecológico y Holístico).

Una vez plasmadas la justificación y los principios primitivos orientadores del Modelo Ecológico/Holístico, procederemos a presentar y discutir la metodología para la planificación estratégica del Modelo Ecológico/Holístico para las escuelas públicas y privadas

---

[286] Todas las actuaciones del centro educativo deben estar vinculadas unas con otras.

[287] Implicación de todos los miembros de la comunidad educativa en todo el proceso de la planificación del modelo ecológico/holístico, desarrollo, implantación, evaluación y retroalimentación para acciones correctivas.

[288] Los centros educativos propician esfuerzos concertados, duraderos, y completos para mejorar las relaciones sociales.

[289] Intervención directa con los alumnos más agresivos.

[290] Deben determinarse las verdaderas causas y profundas que originan ciertos comportamientos.

desde el nivel pre-escolar hasta el nivel universitario en Puerto Rico. En los niveles preuniversitarios, especialmente en el Sistema de Educación del Estado Libre de Puerto Rico, re recomienda el avalar del Consejo Escolar, en las escuelas privadas el organismo competente y de igual manera en la educación superior. La metodología se ilustra en el diagrama número dos (2), creado por el investigador.

El principio medular de esta metodología es que la base del mismo está en la comunidad escolar. Además de la aplicación de los paradigmas ecológico y holístico y el proceso de monitoreo en cada fase del modelo. La metodología comienza recopilando datos e información del contexto escolar. Para dichos fines se constituyó una representación de la comunidad para desarrollar dicha labor, se instituyó la Junta Escolar de la Comunidad (JEC), cuyos miembros y funciones están contenidos en el Anejo K. Posteriormente, se desarrolla el análisis de la matriz FADO o DOFA, ver Anejo M y R. Una vez constituido el análisis FADO, se procederá a discutir el mismo con la comunidad escolar para una discusión profunda y aprobación por la comunidad escolar (Ver Anejo O). El análisis FADO está en interacción con el análisis FADO para asegurar coherencia entre los resultados de dicho análisis y la redacción de estrategias (Ver Anejo P) para intervenir en la prevención de acoso escolar. Posteriormente, se conforma un plan para la divulgación y discusión de las estrategias con la comunidad escolar (Véase Anejo Q). El siguiente evento es el proyecto de divulgación de las estrategias preventivas de acoso escolar (Ver Anejo S); y posteriormente el plan para instituir las estrategias (Ver Anejo T). El evento de la evaluación de los resultados es medular para determinar los resultados en dos dimensiones: cuantitativos y cualitativos (Véase Anejo U). Seguidamente, la fase de retroalimentación, en la cual los resultados del proceso de evaluación se constituyen en fuentes de insumo para nutrir el banco de información del contexto escolar y realizar los ajustes necesarios para mejor el Modelo Ecológico/Holístico de intervención preventiva del acoso escolar en la comunidad escolar.

Diagrama 2 – Metodología para la planificación de un Modelo Ecológico/ Holístico para prevenir el *bullying y cyberbullying para todos los niveles educativos de las escuelas públicas y privadas e instituciones de nivel superior de Puerto Rico*

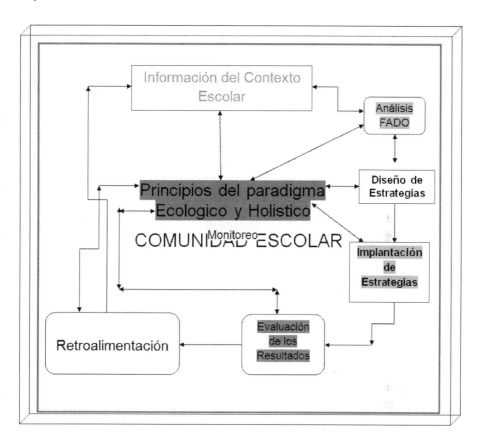

CAPÍTULO 5: <u>CONCLUSIONES Y RECOMENDACIONES</u>

5.1 Introducción

El propósito de este estudio fue diseñar una metodología usando la planificación estratégica para elaborar un modelo ecológico y holístico para prevenir el acoso escolar en las escuelas públicas y privadas e instituciones de educación superior de Puerto Rico. Se usó como escenario de referencia la cultura, clima, convivencia de la comunidad escolar y los entornos que afectan la misma.

En este capítulo presentamos las conclusiones y recomendaciones producto de los resultados del mismo y las respuestas consignadas de las preguntas de investigación.

Los resultados de este estudio arrojaron la posibilidad de construir un modelo de intervención preventivo o proactivo contra el acoso escolar. En especial de naturaleza personalizado y único de acuerdo con la cultura y el clima de convivencia de la escuela. Erradicando el uso y costumbre de utilizar modelos de contextos divergentes al de Puerto Rico; aunque se justifique la utilización de modelos foráneos semejantes a las características de las escuelas de Puerto Rico. Los resultados de esta investigación han demostrado, luego de la revisión de literatura la más completa y profunda posible, que para evitar el acoso escolar se debe considerar al ser humano como único, completo, con sus intereses, necesidades particulares, con posibilidad de elegir y con una realidad particular en función de sus experiencias, vivencias, actitudes, aptitudes, prejuicios y funcionalidad de su equipo sensorial. Por otra parte, el ser humano como ente social y que interactúa con diversos entornos sociales es afectado y afecta los mismos.

De igual forma, la escuela constituida por seres humanos con sus personalidades, caracteres y peculiaridades conforman la comunidad escolar. Estos a su vez, estructurados por sub-sistemas del sistema comunidad escolar. Como por ejemplo, sub-sistema cuerpo docente, grupo de estudiantes y administración. El constante dinamismo e interacción de los sub-sistemas de la comunidad escolar afecta y es influenciado por el estudiante y los estudiantes. Los argumentos previos, las investigaciones examinadas críticamente, reflexivamente y analíticamente demostraron indefectiblemente que un requisito necesario y constante y forzoso anti-contingente para desarrollar un modelo para planificar estratégicamente intervenir preventivamente contra el acoso escolar es utilizar principios de los paradigmas ecológicos y holísticos en dicho proceso.

Por lo tanto en esta investigación se comprobó y se diseño una metodología concreta y con el potencial para desarrollarse e implantarse en cualquier contexto educativo basada en un modelo mixto (ecológico y holístico) a la par con la planificación estratégica. De este estudio germinaron los eventos y sus vínculos para cumplir con el propósito de la investigación realizada.

Luego del análisis critico de los resultados del estudio en función de las preguntas de investigación, producto de las respuestas a dichas interrogantes, el investigador construyo las conclusiones expuesta en el próximo apartado.

5.2 Conclusiones

El desarrollo de esta investigación cuantitativa y cualitativa ha inducido las conclusiones que presentamos seguidamente.

1. El acoso escolar es un mal social que permea a nivel globalizado.

2. La tendencia del acoso escolar es aumentar tanto en cantidad como en calidad.

3. En Puerto Rico el fenómeno de acoso escolar tiende a incrementarse en las escuelas públicas y privadas.

4. Ausencia de modelos de prevención e intervención contra el acoso escolar, tanto en el Departamento de Educación de Puerto Rico como el sector educativo privado.

5. El Departamento de Educación mantiene una política pública impenetrable con relación a ofrecer datos e información sobre el acoso escolar en las escuelas publicas.

6. En Puerto Rico no existe una cultura articulada entre el Departamento de Educación de Puerto Rico y la Universidad de Puerto Rico ni con las universidades privadas para diagnosticar ni desarrollar modelos de prevención e intervención contra el acoso escolar.

7. Los pocos estudios sobre el acoso escolar en las escuelas públicas y privadas existentes han sido desarrollados por asociaciones privadas sin fines de lucro como: *Puerto Rico Stop Bullying Association, Inc.* y *Parental Research*.

8. El Departamento de Educación de Puerto Rico ha desarrollado talleres para Trabajadores Sociales, profesores y padres sobre modelos para intervenir con el acoso escolar como: Modelo de Resiliencia y el Modelo *Positive Behavioral Support System (PBSS*, siglas en inglés).

9. El Estado Libre Asociado de Puerto Rico decretó varias leyes contra el acoso escolar, a saber: *Ley Número 49 de 29 de abril de 2008,* enmendado la Ley Orgánica del Departamento de Educación de Puerto Rico, *Ley Número 149 de 1999*, para establecer como política publica la prohibición de actos de hostigamiento e intimidación (*bullying*) entre los estudiantes de las escuelas publicas; para las escuelas privadas se aprobó la *Ley 37 de 10 de abril de 2008*, para enmendar la *Ley del Consejo General de Educación de Puerto Rico de 1999, Ley Núm. 148 de 1999*, con el fin de sujetar la renovación de la licencias para operar escuelas privadas a que dichas instituciones evidencien que tienen e implantan políticas y protocolos definidos, concretos y ejecutables en contra del acoso escolar entre estudiantes. También está la *Ley Núm. 38 de enero de 2006* para enmendar el Articulo 2 de la *Ley Núm. 3 de 4 de enero de 1998*, conocida como *Ley de Hostigamiento Sexual en las Instituciones de Enseñanza*

con el fin de que las instituciones de enseñanzas hayan aprobado y divulgen a los miembros de comunidad escolar la política publica relacionada con el hostigamiento sexual.

10. Como consecuencia de la *Ley Núm. 49 de 20 de abril de 2008*, se le encomienda a los directores o directoras escolares aplicar el protocolo en los eventos de acoso escolar. Asimismo, el Secretario de Educación divulgara a todos los estudiantes del Sistema de Educación Publica copia del reglamento y del código de conducta de los estudiantes contra el acoso escolar; y se autoriza al Secretario a facilitarle estos documentos pata todas las escuelas privadas en Puerto Rico.

11. Aunque en Puerto Rico existe legislación contra el acoso escolar, reglamentos, código de ética y protocolo los estudios demuestran que este tipo de violencia no ha mermado significativamente.

12. El Departamento de Educación de Puerto Rico esta ausente de un sistema de divulgación y diseminación efectivo de la situación de acoso escolar en las escuelas del país.

13. La sociedad no está informada de los resultados, si han sido efectivas o no, de las acciones desarrolladas por el Estado para prevenir e intervenir contra el acoso escolar.

14. La comunidad escolar de las escuelas publicas de Puerto Rico no participan activamente en la prevención e intervención en eventos acoso escolar.

15. No se evidenció la participación de los medios de comunicación social masivos para erradicar escenas violentas a través de sus medios en Puerto Rico. Ya que los estudios sugieren consistentemente correlación entre la conducta violenta de los seres humanos con una frecuente exposición de eventos violentos.

16. El Departamento de Educación de Puerto Rico pretende implantar modelos contra el acoso escolar en todas las escuelas públicas del país ignorando las particularidades de las escuelas (cultura, clima de convivencia escolar, características de la comunidad escolar y socio-demográficas).

17. El Sistema Educativo de Puerto Rico adoptó una postura anti-acoso escolar punitiva, reactiva y sin participación de la comunidad escolar.

18. No existen proyectos ni estrategias a largo alcance para prevenir e intervenir contra situaciones de acoso escolar en las escuelas, tanto públicas como privadas.

19. Se prioriza la intervención preventiva o de detección contra el acoso escolar luego antes que programas conducentes a la intervención, naturaleza reactiva, luego del evento de acoso escolar.

20. Quedó demostrado consistentemente por la revisión de literatura la prevalencia de modelos de prevención como herramienta para erradicar el acoso escolar a largo alcance.

21. La participación de la comunidad escolar en la planificación de modelos, proyectos, planes y/o estrategias para intervenir antes o después de eventos de acoso escolar es vital para el éxito de cualquier acción de las previamente mencionadas.

22. El entorno externo a la comunidad escolar, según evidencian fehacientemente los estudios revisados, afecta el clima de convivencia escolar y a su vez la comunidad escolar impresiona el entorno externo.

23. Los estudiantes son seres pensantes con valores, emotivos y actitudes particulares características que deben ser

consideradas en la planificación de cualquier acción contra el acoso escolar.

24. El clima familiar y los padres de los estudiantes tiene que constituirse como una variable medular para la efectividad o no de las acciones anti-acoso escolar.

25. Es indispensable comunicar sistemáticamente y continuamente a la sociedad las consecuencias del establecimiento de la política púbica del Estado contra el acoso escolar.

26. Es necesario un ambiente democrático en la organización escolar para el éxito de acciones anti-acoso escolar y/o cualquiera otra actividad educativa o que atañe a la comunidad escolar.

27. Las investigaciones y meta-estudios sugieren constantemente que el paradigma ecológico con sus múltiples entornos facilitan y permiten efectivamente satisfacer las condiciones de la comunidad escolar en torno a la prevención de la acoso escolar. Estos niveles son: Individual, Relacional, Comunitario y Social. El investigador incorpora el nivel Globalización.

28. El ser humano como un ente individual e integral (Espíritu, Alma y Cuerpo) el cual tiene que ser percibido un todo. Donde cada componente del mismo conforma una estructura dinámica, única y constructiva de su realidad.

29. El paradigma holístico promueve una visión totalitaria del ser humano y propone atender sus necesidades e intereses de manera integral, lo cual esta en consonancia con los estudios revisados sobre cómo prevenir el acoso escolar.

30. Un modelo mixto ecológico/holístico constituye una simplificación de un sistema hipotético/deductivo efectivo para detener las causas productoras de acoso escolar.

5.3 Recomendaciones

A la luz de los hallazgos y conclusiones se exponen las recomendaciones producto de esta investigación.

1. El Departamento de Educación de Puerto Rico debe proveer a las comunidades escolares talleres para la planificación de proyectos de intervención preventiva contra el acoso escolar.

2. Programas de apoyo permanente para los programas de prevención de acoso escolar.

3. Monitorear los proyecto de prevención contra el acoso escolar de cada comunidad escolar.

4. Promover una campana de diseminación de información sobre los esfuerzos del Departamento de Educación para erradicar el acoso escolar en las comunidades escolares.

5. Garantizar la participación activa y efectiva de cada miembro de la comunidad escolar en la planificación, desarrollo e implantación de un proyecto de prevención de acoso escolar.

6. Promover estudio en acción la prevención e intervención reactiva sobre acoso escolar con las universidades, asociaciones sin fines de lucro y la comunidad escolar.

7. Valorar los resultados de la implantación de las Leyes 149 y 37 para determinar su efecto en los actos de acoso escolar en la comunidad escolar.

8. Promover educación continua permanente a la comunidad escolar sobre el estado del arte del acoso escolar.

9. Crear alianzas con los medios de comunicación masivos para controlar la frecuencia e intensidad de escenas violentas en los medios.

10. Añadir a las comunidades escolares de mayor acoso escolar personal profesional de ayuda como psicólogos para atender la situación de acoso escolar.

11. Incorporar en todos las disciplinas temas, actividades y estrategias en torno al acoso escolar.

12. Instituir en todas la comunidades escolares un Código Anti-Violencia.

13. Fomentar la participación de asociaciones no lucrativas cuya misión sea prevenir e intervenir en eventos de acoso escolar para que apoyen los esfuerzos de las comunidades escolares contra el acoso escolar.

14. Planificar y desarrollar actividades a nivel nacional sobre información, estudios a nivel global y situación del acoso escolar en las comunidades escolares.

15. Instituir programas educativos sobre cómo desarrollar un medio efectivo de crianza y convivencia social adecuada para los padres de los estudiantes con el fin de evitar las causas provocadoras de la conducta violenta en los hijos.

16. Comenzar los programas de prevención contra el acoso escolar el nivel prescolar.

17. Planificar, desarrollar e implantar estudios longitudinales sobre el efecto de los proyectos de intervención de prevención y reactivo contra el acoso escolar con el fin de determinar su efecto en la comunidad escolar, y en especial los estudiantes, en el futuro.

REFERENCIAS BIBLIOGRÁFICAS

ALFARO Marco Antonio, Ventura. *La optimización de los resultados de la reforma educativa para enfrentar la violencia escolar mediante la utilización de la televisión.* Disertación de Maestría Universidad de San Martin de Porres, Perú, 2010. Recuperado el 26 de febrero de 2012 desde: http://www.uca.edu.sv/ facultad/maco/media/archivo/47fd4b_tesiscompletamarcoa.ventura.pdfhttp:// www.uca.edu.sv/facultad/maco/media/archivo/47fd4b_tesiscompletamarcoa. ventura.pdf.

AMERICAN PSYCHIATRIC ASSOCIATION. *Manual diagnóstico y estadístico de los trastornos mentales.* DSM-IV TR. Barcelona, Masson, 2001.

BALDRY, A.C. & FARRINGTON, D. "Protective factors as moderators of risk factors in adolescence bullying", *Social Psychological of Education*, vol. 8, 2005. Recuperado el 31 de marzo de 2012 de:

BUREAU OF JUSTICE STATISTICS. *Indicators of school crime and safety.* U.S., Bureau of Justice Statistics, 2010, p. iv. Recuperado el 13 de abril de 2012 de: http://nces.ed.gov/pubs2011/2011002.pdf.

BUREAU OF JUSTICE STATISTICS. Indicators of school crime and safety, U.S., Bureau of Justice Statistics, 2011, p. v. Recuperado el 14 de abril de 2012 de: http://nces.ed.gov/pubs2012/2012002.pdf.

CADCA. *Formando coaliciones: La planificación estratégica*, España, CADCA, 2010.

CARDERA Mejías, Rodolfo. *Planeación estratégica de recursos humanos Conceptos y teoría sobre planeación efectiva de recursos humanos.* Universidad Politécnica de Nicaragua, 2004. Recuperado el 12 de enero de 2012 de: https://docs.google.com/viewer?a=v&q=cache:YZXO GaFf1RYJ:www.bibliociencias.cu/gsdl/collect/libros/index/assoc/HASH01ed. dir/doc.pdf+planificacion+estrategica+segun+Alfredo+Acle&hl=es-419& gl=pr&pid=bl&srcid=ADGEEShqGer5JZ5PS4DwJMEPjkh5C_Zb0t-r8__

VhBjJ4cfbSKFvdlHf9iAkjQbAyeDpyqBCIw1iIs47GW2MAD1nvEyycAw
hv2sd9IbP_a1lpZa32iMQUJbGsSYlxmcatSWEgWyFiNJM&sig=AHIEtbSqN7
oJ_o24ntT9bK0EINWmMQI86A.

CEREZO Fuensanta. *Violencia y victimización entre escolares: El bullying estrategias de identificación y elementos para la intervención a través del Test Bull-S*. España, Universidad de Murcia, Departamento de Psicología Evolutiva y de la Educación, 2006. Recuperado el 29 de marzo de 2012 de: https://docs.google.com/viewer?a=v&q=cache:m-1fwO4elnMJ:congreso. tecnoneet.org/actas2010/docs/imendez.pdf+test+bull-s&hl=es-419&gl=pr &pid=bl&srcid=ADGEESg61lrNeYaC49sr9zd5SApZxvM5ySlzIPQpumeP qr94Fp5KNTHpVd1CUIKMxQYXR4EdcKwQH_5VDbW6H_3iLHUE3zHnk o--WiSuORTiDfOAnB7juOXJIOqll4X-UWS79SYhNS4J&sig=AHIEtbRWKDMl yYIwKb6OimzW6mZgADRO7A.

COLOR ABC. *EEUU, jóvenes aseguran que sus pares son "amables" en internet*. Estados Unidos de América, COLOR ABC, 2011. Recuperado el 12 de mayo de 2012 de: http://www.abc.com.py/ciencia/eeuu-jovenes-aseguran-que-sus-pares-son-amables-en-internet-330280.html.

COOK, Clayton R. et. al. "Predictors of bullying and victimization in childhood and adolescence: A Meta-analysis investigation". *American Psychological Association*, vol. 25, núm. 2, 2010. Recuperado el 10 de abril de 2012 de: http://204.14.132.173/pubs/journals/releases/spq-25-2-65.pdf.

COTALLEDAS, Joan. *Proceso de planificación estratégica*. UNESCO: Universidad de Cataluña, 2011. Recuperado el 12 de mayo de 2012 de: https://docs.google.com/viewer?a=v&q=cache:ASS-wZkQMjEJ: portal.ipvc.pt/images/ipvc/ipvc/plano/ipvc2bis.pps+diagrama+de+planific acion+estrategica+de+JOAN+CORTALLEDAS&hl=es-419&gl=pr&pid=bl &srcid=ADGEEShx4zvk8_6gQ4Z5FMKKn7WBmVTOc9Sp9EKMUhGlcg 5MzDrSFbA4rngDaS6LQAnR6VfmDkQWytQWksVuBGjMc4Fp54LhjaD vxUaQhUaz-9HEXh7imqXptKhilH_uVnaXI33X74Nf&sig=AHIEtbTmuCv-Lporgmber_D99NV25G3ftQ.

CRUZ Santa, De La Cruz. *Educación en cultura de paz*. II Jornada de Cooperación con Iberoamérica sobre Educación en Cultura de Paz, España, Organización de las Naciones Unidas para la Educación la Ciencia y la Cultura,

158

2007. Recupera el 10 de enero de 2012 desde: http://unesdoc.unesco.org/images/0015/001599/159946s.pdf

DE'ÇARLI, Johnny. *Holismo-El paradigma del fenómeno REIKI.* Congreso Nacional de Reiki, España, mayo de 2009. Recuperado el 23 de febrero de 2012 desde: http://www.mansvivesdellum.com/articulos/ciencia_reiki.pdf.

DEFENSOR DEL PUEBLO Y LA UNICEF. Violencia escolar: El maltrato entre iguales en la educación secundaria obligatoria 1999-2006, Nuevo estudio y actualización del Informe 2000, España, 2007. Recuperado el 10 de enero de 20212 desde: http://www.oei.es/oeivirt/Informeviolencia.pdf.

DEPARTAMENTO DE EDUCACIÓN DE PUERTO RICO. *Perfil del Departamento de Educación de Puerto Rico.* (Año Académico 2008-2009). San Juan de Puerto Rico, 2011. Recuperado el 2 de marzo de 2012 desde

http://www.de.gobierno.pr/sites/de.gobierno.pr/files/State%20Report%20Card%202008-2009.pdf.

DEPARTAMENTO DE EDUCACIÓN DE PUERTO RICO. *Perfil del Departamento de Educación de Puerto Rico (Año Académico 2009-2010),* San Juan de Puerto Rico, 2011. Recuperado el 2 de marzo de 2012 desde http://www.de.gobierno.pr/sites/de.gobierno.pr/files/PR_State_Report_Card_2009-2010.pdf.

DEPARTAMENTO DE EDUCACION DE PUERTO RICO. *Compromiso con la alfabetización.* San Juan, 2010. Recuperado el 1 de marzo de 2012 desde http://www.de.gobierno.pr/compromiso-con-la-alfabetizacio.

DEPARTAMENTO DE SALUD Y SERVICIOS HUMANOS DE LOS ESTADOS UNIDOS DE AMÉRICA. *Stopbullying.com,* Washington, D.C., Estados Unidos de América, 2011. Recuperado el 14 de mayo de: http://www.stopbullying.gov/.

ESTADO LIBRE ASOCIADO DE PUERTO RICO: Departamento de Educación. *Política Pública para establecer la prohibición de actos de hostigamiento e intimidación ("Bullying") entre estudiantes en las escuelas públicas.* Estado Libre Asociado, San Juan de Puerto Rico, 2008.

EDUCARCHILE EL PORTAL DE LA EDUCACIÓN. *El rol del docente en prevenir el bullying en la sala de clases*, Chile, 3 de abril de 2009. Recuperado 1l 13 de marzo de 2012 desde: http://www.educarchile.cl/Portal.Base/Web/VerContenido.aspx?ID=195165.

EL NUEVO DÍA. *Plan para combatir el acoso escolar en las escuelas*, San Juan de Puerto Rico, 10 de mayo de 2012.

EL NUEVO DÍA. Retratado el acosador escolar San Juan de Puerto, San Juan de Puerto Rico 3 de diciembre de 2011. Recuperado el 3 de mayo de 2012 de: http://www.adendi.com/search.asp?keyword=Retratado+el+acosador+escolar+&field=headline&dtrange=day&mon0=12&day0=03&year0=2011&mon1=05&year1=2012&from=&to=.

ESTÉVEZ López, Estefania. *Violencia, victimización y rechazo escolar en la adolescencia*. Valencia, 2005, p. 15. (Tesis Doctoral). Recuperado el 5 de marzo de 2012 desde: http://www.observatorioperu.com/libros%202010/LIBRO%20-%20VIOLENCIA,%20VICTIMIZACION%20Y%20RECHAZO%20ESCOLAR%20EN%20LA%20ADOLESCENCIA.pdf.

FAJARDO, Víctor. *Historia de la Reforma Educativa: Transformación de la Escuela Publica Puertorriqueña: 1993-1999*. San Juan de Puerto Rico, First Book Publishing, 1999.

FERRAGUT, Palma Mar. "Uno de cada cuatro alumnos de ESO sufre insultos en páginas web". *DiariodeMallorca.com*, Domingo, 28 de junio de 2009. Recuperado el 20 de marzo de 2012 de: http://www.diariodemallorca.es/mallorca/2009/06/28/mallorca-cuatro-alumnos-sufre-insultos-paginas/479033.html.

FERGUSON, Christopher J. et. al. "The effectiveness of school anti-bullying programs: A Meta-Analytic Review". *Criminal Justice Review*, vol. 32, núm. 4, 2007. Recuperado el 10 de mayo de 2012 de: http://www.tamiu.edu/~cferguson/Bully.pdf.

GARCÍA Sánchez, Francisco Alberto. Conceptualización del desarrollo y la atención temprana desde las diferentes escuelas psicológicas, Reunión Interdisciplinar sobre poblaciones de Alto Riesgo de Deficiencias, España, 2010.

160

GARAIOGORDOBIL, Maite & OÑEDERRA, José Antonio. "Un análisis del acoso escolar desde una perspectiva de género y grupo". *Ansiedad y Estrés*, vol.15, núm. 2-3, 2009. Recuperado el 12 de abril de 2012 de: http://www.observatorioperu.com/lecturas%202010/art%C3%ADculos%20diciembre%202010/A%26E%20acoso%202009.pdf.

GARAIGORDOBIL, Maite "Prevalencia y consecuencias del cyberbullying: Una revisión". *International Journal of Psychological Therapy*, vol. 11, núm. 2, 201. Recuperado el 12 de mayo de 2012 de: http://www.ijpsy.com/volumen11/num2/295/prevalencia-y-consecuencias-del-cyberbullying-ES.pdf.

GORDILLO Rodríguez, Rodolfo. *Análisis longitudinal de la relación entre depresión y agresión física y verbal en población infanto-juvenil*, Universidad Nacional de Educación a Distancia, España, 2010. Recuperado el 28 de diciembre de 2011 desde: http://e-spacio.uned.es/fez/eserv.php?pid=tesisuned:Psicologia-Rgordillo&dsID=Documento.pdf.

HERNÁNDEZ Sierra, Blanca E. "La violencia institucional en las escuelas publicas y privadas de Puerto Rico". *El Amauta 5*, enero de 2008. Recuperado de:

IGARTUA Soto, Marie B. "La violencia escolar es un reto para todos", *Ámbito de Encuentros*, vol. 4, núm. 1, 2011.

Instituto Nacional de Tecnologías de la Comunicación (INTECO). *Estudio sobre riesgos de los teléfonos móviles para los menores*. España, Observatorio de la Seguridad de la Información: Área Jurídica de la Seguridad y las TIC, 2009. Recuperado el 16 de marzo de 2012 de: http://aui.es/IMG/pdf_estudio_habitos_seguros_menores_y_econfianza_padres_versionfinal_accesible_inteco.pdf.

LEXJURIS PUERTO RICO. *Ley Núm. 37 del 10 de abril de 2008*. San Juan de Puerto Rico, Lexjuris Puerto Rico, 2008. Recuperado el 28 de febrero de 2012 de http://www.lexjuris.com/lexlex/Leyes2008/lexl2008037.htm.

LEXJURIS PUERTO RICO. Ley Núm. 49 del 29 de abril de 2009. San Juan de Puerto Rico, LexJuris Puerto Rico, 2008. Recuperado el 15 de mayo de 2012 de: http://www.lexjuris.com/lexlex/Leyes2008/lexl2008049.htm.

LEXJURIS PUERTO RICO. Ley Núm. 37 del 2008. San Juan de Puerto Rico, LexJuris Puerto Rico, 2008. Recuperado el 15 de mayo de 2012 de: Recuperado el 10 de abril de 2012 de: http://www.lexjuris.com/lexlex/Leyes2008/lexl2008037.htm.

LOPEZ, Talavera, Maria del Mar. *Ante la cultura de la violencia en los medios de comunicación: Un enfoque ético.* Primer Congreso Internacional sobre Ética en los Contenidos de los Medios de Comunicación e Internet. Universidad Antonio de Nebrija, España, 2001. Recuperado el 14 de marzo de 2011 de

LUGO, Hernández, Eduardo A. "El Proyecto VIAS: Acción y transformación para la prevención de la violencia escolar a través de3 la Investigación Basada en la Participación". *Ámbito de Encuentro,* vol. 4, núm. 1, 2011.

MEDINA Piña, Marissa. *Bullying en Puerto Rico,* (Power Point), Universidad de Puerto Rico, 24 de enero de 2010. Recuperado de: http://www.slideshare.net/yineisa/acoso-escolar-2981930.

MILLAN Pabón, Carlos. "No cesa la violencia en los planteles escolares". *El Nuevo Día,* 27 de marzo de 2004. Recuperado de: www.ugr.es/.../**etica**/mar%20lopez%20(ponencia%20definitiva).dochttp://www.adendi.com/archivo.asp?num=606617&year=2004&month=3&keyword=No cesa la violencia en los planteles escolares.

MUÑOZ Quezada, María T., et. al. "Percepciones y significados sobre la convivencia escolar de estudiantes de cuarto medio de un liceo municipal de Chile". *Revista de Pedagogía,* vol. 28, núm. 082, 2007. Recuperado el 27 de febrero de 2012 de: http://redalyc.uaemex.mx/src/inicio/ArtPdfRed.jsp?iCve=65908203.

NUÑEZ Carmen, Gaitán et. al., ""Diez referencias destacadas acerca de acoso escolar". *Anuario de Psicología Clínica de la Salud,* vol. 2, 2066. Recuperado el 31 de marzo de 2012 de: http://www.acosomoral.org/pdf/APCS_2_esp_35-50.pdf.

OLWEUS, Dan. Bullying at school. Oxford, Reino Unido: Blackwell, 2008.

162

ORGANIZACIÓN PANAMERICANA DE LA SALUD PARA LA ORGANIZACIÓN MUNDIAL DE LA SALUD. Informe mundial sobre la violencia y la salud, Washington, D.C., Organización Panamericana de la Salud para la Organización Mundial de la Salud, 2002. Recuperado el 12 de mayo de 2012 de: http://www.who.int/violence_injury_prevention/violence/world_report/en/summary_es.pdf.

PAREDES, María Teresa et. Al. "Estudio exploratorio sobre el fenómeno del "Bullying" en la ciudad de Cali, Colombia". *Revista Latinoamericana de Ciencias Sociales y Niñez*, vol.6, núm. 1, 2008. Recuperado el 12 de enero de 2012 desde: http://www.umanizales.edu.co/revistacinde/Vol6/Estudioexploratorio.pdf.

PARK-HIGGERSON, H. et. al. "The evaluation of school-based violence prevention programs: A meta-analysis". *Journal of School Health*, vol. 78, núm. 9 2008.

PELLEGRINi, A.D. & LONG, Jeffrey D. "A longitudinal study of bullying,

dominance, and victimization during the transition from primary school through secondary school". *British Journal of Developmental Psychology*, 20, 2002. Recuperado el 2 de abril de 2012 de: http://onlinelibrary.wiley.com/doi/10.1348/026151002166442/pdf.

PIZARRO, Figueroa, Jaime. "La globalización y su impacto en la economía de la Eduicacion en el Sistema Educativo Publico de Puerto Rico". *ENSAYOS, Revista de la Facultad de Educación de Albacete*, Núm. 25, 2010. Recuperado el 4 de marzo de 2012 de: http://www.uclm.es/ab/educacion/ensayos/ensayos25/pdf/25_5.pdf.

PRECIADO, Jorge & SUGAI, George. *Apoyo Conductual Positivo Escolar: Características Fundamentales.* Centro de Apoyo e Intervención Positiva al Comportamiento: Universidad de Oregón. Recuperado el 6 de mayo de 2012 de: http://www.asociacionalanda.org/web/index.php?option=com_content&task=view&id=231&Itemid=98.

RAMA JUDICIAL DE PUERTO RICO. Panel sobre "Cyberbullying" En La Semana De La Biblioteca, San Juan de Puerto Rico, Rama Judicial de Puerto Rico, 2011. Recuperado el 10 de mayo de 2012 de: http://www.ramajudicial.pr/Prensa/2011/04-15-11.htm.

RAMOS Corpas, Manuela Jesús. *Violencia y victimización en adolescentes escolares.* España, Universidad Pablo de Olavide, 2008. Recuperado el 24 de marzo de 2012 de: http://www.observatorioperu.com/lecturas%202010/noviembre%202010/Violencia%20y%20Victimizacion%20en%20Adolescentes.pdf.

RIVERA Arguinzoni, Aurora. "En escalada el acoso escolar". *El Nuevo Día*, 2012, p. 26. Recuperado el 27 de febrero de 2012 de: http://www.elnuevodia.com/enescaladaelacosoescolar-1182238.html.

RIVERA Nieves, Maribel. *Las voces de la adolescencia sobre el "bullying": Desde el escenario escolar.* Estados Unidos de América, Palibrio, 2011.

RIVERA Nieves, Maribel. "Estudio sobre el ciberacoso en las escuelas publicas y privadas de Puerto Rico". *Primera Hora*, 28 de mayo. o de 2012.

RIVERA Nieves, Maribel. *El manejo del acoso escolar (bullying).* Puerto Rico Stop Bullying Association, Inc., 2010. Recuperado el 6 de junio de 2012 de: https://atci.edu20.org/files/321862/estrategias%20de%20intervención_lmsauth_e56ff5e4910659b54fb7a45f4198bbeb91addab8.pdf.

RIVERA Nieves, Maribel. *Programas para prevenir el acoso escolar.* Puerto Rico Stop Bullying Association, Inc. 2011, Recuperado el 6 de junio de 2011 de: https://atci.edu20.org/files/321862/Prog%20Prev%20Acoso%20Escolar(2)_lmsauth_95838d65d15255b8582bcd94fa30be6583aa26e3.ppt.

RIVERA Vargas, Daniel. "Unidos podemos salir adelante: Estudiantes y funcionarios apuestan a 'Tus Valores Cuentan'", El Nuevo Día, miércoles 15 de febrero de 2012. Recuperado el 13 de mayo de 2012 de: http://www.elnuevodia.com/unidospodemossaliradelante-1190843.html.

ROMÁN, Marcela & MURILLO, Javier. "América Latina: Violencia entre estudiantes y desempeño escolar", Revista CEPAL, vol. 104. Recuperado el 5 de mayo de 2012 de: http://cdi.mecon.gov.ar/doc/cepal/revista/104.pdf.

164

RUIZ Rodríguez Ruíz, Jaime A. *Trece motivos para hablar de cibercultura*. Colombia: Arena, 2009. Recupera el 14 de junio de 2012 de: http://www.scribd.com/doc/23239664/13-motivos-para-hablar-de-Cibercultura.

SANTIAGO Moreno, Luis. *Grupo focal con estudiantes de Escuela Superior: violencia en las escuelas*, 2004, (Mimeografiado inédito).

SALMIVALLI, Christina et. al. *Consequences of school bullying and violence*. Finlandia: University of Tuku, 2010. Recuperado el 10 de abril de 2012 de: https://docs.google.com/viewer?a=v&q=cache:TBh1mafUJrMJ:w ww.oecd.org/dataoecd/28/6/33866604.pdf+Salmivalli,+et.+al+en+Finlandia &hl=en&gl=pr&pid=bl&srcid=ADGEESj7gP8DR3wcrlevGhp-Q8PJ4BqHicLt-T0RIsYqJJB1FH74H7-ICkJev-8lyeahKCZPBwJDbc_YlkMrbZdX LoBjtsvuyTAPZ8u5oD0hvYtcDRUIbnV5O26MAI4yMXged 62pQI1u&sig=AHIEtbSm3sj52pwVqfpsjXR1l7jIMcGQCQ.

SANMARTÍN, José, et. al. Formación para la convivencia: Guía para el Profesorado, España, GENERALITAT VALENCIANA, (2010). Recuperado el 6 de marzo de 2012 de: http://www.edu.gva.es/eva/docs/convivencia/publicaciones/es/guia_secundaria.pdf.

SERRANO Ángela, Sarmiento e Isabel Iborra Marmolejo, Violencia entre Compañeros en la Escuela, Centro Reina Sofía para el Estudio de la Violencia. España, METRASEIS, 2005. Recuperado el 28 de febrero de 2012 de: http://www.centroreinasofia.es/informes/Violencia_entre_compa%C3%B1eros_en_la_escuela.pdf.

SCOTT, Mariana. *Cómo prevenir el bullying: La experiencia de Inglaterra*, EducarChile el Portal de la Educación, Chile, 3 de abril de 2009. Recuperado el 24 de marzo de 2012 de: http://www.educarchile.cl/Portal.Base/Web/VerContenido.aspx?ID=205182.

TAMAR, Flavia, "Maltrato entre escolares (BULLYING): Estrategias de manejo que implementan los profesores al interior del establecimiento escolar". *PSYKHE*, vol. 14, núm. 001, 2005. Recuperado el 2 de mayo de 2012 de: http://www.observatorioperu.com/lecturas%202010/agosto%202010/Maltrato%20Entre%20Escolares%20%20Estrategias%20de%20Manejo%20que%20Implementan.pdf.

TRUJANO Ruiz, Patricia et. al. "Violencia en Internet: Nuevas victimas, nuevos retos". Liberabit: Revista de Psicología, vol. 15, núm. 1, 2009. Recuperado el 21 de febrero de 2012 de: http://www.redalyc.org/redalyc/pdf/686/Numeros/11923_Numero_1.pdf

VACAS, Francisco. "Reglas claras con el acoso escolar". *El Nuevo Día*, 10 de febrero de 2012. Recuperado de:

VECCIA, Teresa Ana et. al. "La percepción de la violencia entre pares en contextos escolares: Un estudio cualitativo. *Anuario de Investigaciones*, vol. XV, enero-diciembre de 2008, pp. 159-167. Recuperado el 10 de enero de 2012 de: http://www.scielo.org.ar/pdf/anuinv/v15/v15a14.pdf.

Voz de América. *Obama ante el acoso escolar*, Casa Blanca, 3 de octubre de 2011, p. 1. Recuperado el 16 de abril de 2012 de: http://www.voanoticias.com//content/casa-blanca-combate-acoso-escolar-117647273/96122.html.

WOMPNER Gallardo Fredy Hardy. *Inteligencia holística la llave para una nueva era*. Biblioteca virtual, de derecho, economía y ciencias sociales, 2010.

ANEJOS

ANEJO A – CARACTERÍSTICAS DE LOS AGRESORES O "BULLIES"

ANEJO A – CARACTERISTICAS DE LOS AGRESORES O "BULLIES"

- Frecuentes fracasos escolares y de edad superior a la media de la clase
- Rendimiento académico bajo.
- Exhiben una actitud negativa hacia la escuela.
- Más fuertes físicamente que sus acosados.
- Muestran poca o ninguna empatía hacia los acosados.
- Presentan altos niveles de impulsividad.
- Sienten la necesidad de dominar a sus pares mediante el poder y la amenaza.
- No toleran las frustraciones.
- No aceptan las normas sociales.
- Presentan una actitud hostil y desafiante con padres, maestros y comunidad.
- Perciben un pobre apoyo y supervisión de los padres.
- Involucrados en frecuentes conflictos familiares, de autoritarismo y hostilidad.
- Son más populares que los acosados entre los compañeros escolares.
- Tienen un pequeño grupo de amigos (dos o tres) que les apoyan.
- Tienen una opinión positiva de sí mismos; y presentan una autoestima media o alta.

Fuente: Adaptado por el investigador de Estévez (2005)

ANEJO B – CUATRÍANGULO DEL ACOSO ESCOLAR

ANEJO B – CUATRÍANGULO DEL ACOSO ESCOLAR

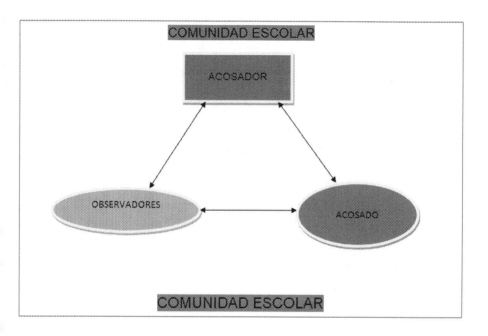

Fuente: Diseñado por el investigador

ANEJO C– MITOS SOBRE EL BULLYING

ANEJO C – MITOS SOBRE EL BULLYING

- **El género femenino no son "bullies"** – El genero femenino puede ser acosado escolar, en forma verbal y emocional. En las niñas el *bullying* se incrementan en los años de escuela intermedia.

- **El acoso escolar es cuestión de la edad** – Los estudios indican que el acoso escolar es una conducta aprendida, no es una respuesta natural. Es necesario atender a los niños y niñas y no considerar que dicha conducta finalizará a través del tiempo.

- **El "bullying" propiciará niños y niñas más fuertes** – Las investigaciones han demostrado asiduamente que el resultado es el opuesto: la auto-estima decrece; y se fomenta el temor y al ansiedad en los acosados.

- **Otros seres humanos merecen ser acosado** – Ningún niño o niña merece ser herido o dañado de ninguna forma. Por el contrario, como cada niño o niña es único, merece recibir una atención de respeto y consideración.

- **Esto ha pasado siempre todos y todas los hemos sufrido** - *El abuso, la persecución y el asedio forman parte de la historia de la humanidad. Es cierto, pero eso no quiere decir que sea bueno, ni si quiera normal. El conflicto es algo natural y puede ser bueno si se trata de forma adecuada, en cambio la violencia no lo es.*

- **Afecta a los chicos y chicas problemáticos** - *Dos cosas importantísimas a tener en cuenta: Primera, cualquiera puede ser acosado y segunda, nadie merece ser víctima del maltrato. Tanto si eres el blanco del acoso, como si te ves en el papel del agresor/a, como si eres el espectador, hay que romper con ello: El acoso no es un problema de un chico o chica determinado sino de toda la clase, de todo el centro. TODOS SOMOS RESPONSABLES DE QUE ESTO CAMBIE: ¡SÚMATE A LA CONVIVENCIA SIN VIOLENCIA!*

- **El bullying forma parte del crecimiento.** Se cree que te enseña a enfrentar mejor la vida, que favorece la construcción del carácter y la personalidad. Te ayuda a ser más fuerte y tienes que aceptarlo. Muy por el contrario, el bullying puede derivar en trastornos de personalidad muy severos.

- **Algunos padres suelen recomendarle a sus hijos o hijas: "pégale un puño, así nunca más te va a molestar" "ignora el hecho y te van a dejar tranquilo** - (a)"; "no acuses a los intimidadores porque te van a molestar más". Estas sugerencias lo único que hacen es reforzar y mantener el bullying en las escuelas.

- **Algunos estudiantes suelen decir: Yo nunca intervengo en los problemas de mis compañeros o compañeras; ellos/as tienen que aprender a solucionar sus problemas solos/as; si me meto me van a intimidar también a mí** -.

Fuente: Colegio Superior de Maipo en Argentina y APA I.E.S.

ANEJO D– FACTORES PROPICIADORES DE CONDUCTA ¨BULLYING¨

ANEJO D– FACTORES PROPICIADORES DE CONDUCTA ¨BULLYING

Factores	Características
Personales	Egocentrismo percepción exagerada de ser mejor que los demás y menosprecia las cualidades de sus semejantes.
	Impulsividad actúa sin reflexionar, sin controlar sus impulsos.
	Fracaso escolar ausentismo y desertor escolar secuela del pobre rendimiento académico
	Autoestima baja autopercepción negativa.
	Discapacidad física o mental.
	Consumo de drogas y alcohol.
Psicopatológicos	Trastornos de conducta disocial, negativista desafiante, hiperactivo.
	Trastorno de control de impulsos explosivo intermitente.
	Trastorno adaptativo incapaz de adaptarse adecuadamente a las exigencias de su entorno.
Familiares	Maltrato intrafamiliar.
	Familia disfuncional.
	Escaso tiempo compartido entre los familiares.
	Escasos canales de comunicación intrafamiliar.
	Estilos de crianza impropios: disciplina autoritaria o permisiva.

ANEJO D– FACTORES PROPICIADORES DE CONDUCTA ¨BULLYING¨
(Continuación)

Factores	Características
Núcleo Escolar	Ausencia de política publica que sancione adecuadamente el acoso escolar.
	Currículo enfocado principalmente al área académica sin considerar los valores y la vida buena.
	Ausencia de planes, proyectos y estrategias para atender la diversidad cultural en el ámbito escolar.
	Inexistencia de la figura como un modelo a imitar.
	Docentes carentes de competencias para el control de grupo y vulnerabilidad psicológica.
Socioculturales	Medios de comunicación social masivos:
	Presentación de modelos carentes de valores sociales propulsores de una vida buena y respeto a la carta de derechos del ser humano.
	Programación pobre con respecto a las áreas culturales y educativas.
	Presencia significativa de contenidos violentos en todos los medios de comunicación social.
	Realce a los noticias de muertes y asesinatos.
	Justificación social para usar la violencia como medio para alcanzar cualquier objetivo.

ANEJO E - VARIABLES FAMILIARES ASOCIADAS CON LA CONDUCTA VIOLENTA EN ADOLESCENTES

ANEJO E - VARIABLES FAMILIARES ASOCIADAS CON LA CONDUCTA VIOLENTA EN ADOLESCENTES

- Falta de apoyo, afecto y comunicación con los padres.
- Permisividad y tolerancia de los padres con relación a la conducta del hijo o hija.
- Disciplina inconsistente, inefectiva y muy laxa o muy severa.
- Estilo de disciplina parental autoritario y uso excesivo del castigo.
- Comunicación disfuncional familiar.
- Frecuentes conflictos entre los cónyuges.
- Uso de la fuerza física y/o verbal para resolver los conflictos familiares.
- Problemas psicológicos y conductuales en los padres.
- Rechazo parental y hostilidad contra el hijo o hija.
- Ausencia de control o control inconsistente de la conducta de los hijos.
- Interacciones agresivas entre los hermanos o hermanas.

ANEJO F – BULL-S TEST DE EVALUACIÓN DE LA AGRESIVIDAD ENTRE ESCOLARES

ANEJO F – BULL-S TEST DE EVALUACIÓN DE LA AGRESIVIDAD ENTRE ESCOLARES

<u>BULL-S. TEST DE EVALUACIÓN DE LA AGRESIVIDAD ENTRE ESCOLARES.</u>

FORMA A-Alumnos

Autora: Fuensanta Cerezo Ramírez

Nombre: _____ Edad: _____ Sexo: _____

Nº: _____ Fecha: _____ Centro: _____

Curso: _____ Procedencia (España/Otro) Repetidor curso (Sí /No)

Las cuestiones siguientes ayudarán a tu profesor a entender mejor como veis el ambiente que os rodea. Estas preguntas se refieren a COMO VES A TUS COMPAÑEROS Y A TI MISMO EN CLASE. Tus respuestas son CONFIDENCIALES.

I. Responde cada pregunta escribiendo COMO MÁXIMO TRES NÚMEROS de compañeros de tu clase que mejor se ajusten a la pregunta.

1.¿A quién elegirías como compañero/a de grupo en clase?	
2.¿A quién no elegirías como compañero/a?	
3.¿Quiénes crees que te elegirían ti?	
4.¿Quiénes crees que no te elegirían a ti?	
5.¿Quiénes son los más fuertes de la clase?	
6.¿Quiénes actúan como un cobarde o como un bebé?	
7.¿Quiénes maltratan o pegan a otros compañeros?	
8.¿Quiénes suelen ser los víctimas?	
9.¿Quiénes suelen empezar las peleas?	
10.¿A quiénes se les tiene manía?	

II. Ahora señala la respuesta más adecuada POR ORDEN de preferencia (1º,2º...)

11. Las agresiones, suelen ser:

    Insultos y Amenazas   Maltrato físico   Rechazo   Otras:_____

12. ¿Dónde suelen ocurrir las agresiones?

    En el aula   En el patio   En los pasillos   Otros:_____

Méndez, I. y Cerezo, F. TEST BULL-S: PROGRAMA INFORMÁTICO DE EVALUACIÓN DE LA AGRESIVIDAD ENTRE ESCOLARES

III. Ahora señala la <u>SOLO</u> una respuesta

13. ¿Con qué frecuencia ocurren las agresiones?

    Todos los días   1-2 veces por semana   Rara vez Nunca

14. ¿Crees que estas situaciones encierran gravedad?

    Poco o nada   Regular   Bastante   Mucho

15. ¿Te encuentras seguro/a en el Centro Escolar?

    Poco o nada   Regular   Bastante   Mucho

ANEJO G – PAÍSES DE AMÉRICA LATINA PARTICIPANTES EN EL ESTUDIO POR ESCUELAS, AULAS Y ESTUDIANTES

ANEJO G – PAÍSES DE AMÉRICA LATINA PARTICIPANTES EN EL ESTUDIO POR ESCUELAS, AULAS Y ESTUDIANTES

País	Escuelas	Aulas	Estudiantes
Argentina	167	353	6,696
Brasil	157	245	5,456
Colombia	203	207	6.035
Costa Rica	171	150	4,766
Cuba	206	383	5,910
Chile	165	263	7,025
Ecuador	192	215	5,427
El Salvador	182	235	6,346
Guatemala	231	267	5,560
México	160	220	4,861
Nicaragua	205	250	6,789
Panamá	155	247	5,655
Paraguay	209	208	4,839
Perú	165	243	4,701
Republica Dominicana	183	114	4,646
Uruguay	218	303	6,511

ANEJO H – COMPETENCIAS A REFORZAR PARA PREVENIR Y ENFRENTAR EL *BULLYING*

ANEJO H – COMPETENCIAS A REFORZAR PARA PREVENIR Y ENFRENTAR EL *BULLYING*

ENTE	COMPETENCIAS
Profesor	- Descartar actitudes normativas extremas ni mostrar dificultades para mantener el orden en la sala de clases.
	- Evitar actitud negativa contra un estudiante, el sarcasmo y ridiculizar.
	- Destrezas para lidiar con el acoso escolar en el aula escolar.
Estudiantes	- Adoptar una actitud de respeto con relación a la diversidad.
	- Respectar las opiniones, actitudes y conductas de los demás.
	-Destacar la imperiosa necesidad de construir una visión de vida basada en el respeto, en la confianza y en la valoración de los semejantes.
	-Incentivar conductas de autorregulación social y autocontrol emocional a través de ejercicios y vivencias educativas y de interacción social enfocadas a incentivar la empatía, el control de impulsos negativos, la resolución de problemas, el control de la ira, el; reconocimiento de las similitudes y de divergencias entre los seres humanos, el bien común y procesos de convivencia para enfrentar situaciones estresantes.
	-Reflexionar profundamente sobre la expresión de los sentimientos y las causas que los motivan.
	- Promover valores de tolerancia, ausencia de discriminación, solidaridad y reconocimiento de mis semejantes como un ser humano con dignidad y legítimo.
	-Propiciar actitudes de asociatividad, compañerismo, solidaridad y empatía.

ANEJO I – MANEJO DE SITUACIONES DE HOSTIGAMIENTO E INTIMIDACIÓN ESCOLAR

ANEJO I – MANEJO DE SITUACIONES DE HOSTIGAMIENTO E INTIMIDACIÓN ESCOLAR

El acto de hostigamiento e intimidación escolar se define como cualquier acción realizada intencionalmente, mediante cualquier gesto, ya sea verbal, escrito o físico, que tenga el efecto de atemorizar e intimidar a los estudiantes e interfiera con la educación de estos, sus oportunidades escolares y su desempeño en el salón de clases. Dicho acto deberá ser continuo, sistemático y creciente.

El hostigamiento y la intimidación escolar pueden ser:

Social:

- Rechazo entre pares
- Difundir mentiras o rumores acerca de alguien
- Obligar a alguien hacer algo bajo amenaza
- Acecho cibernético

Verbal:

- Poner apodos o sobrenombres
- Burlase
- Insultar

Física

- Robar, esconder o estropear las pertenencias
- Golpear, pegar, empujar o amenazar con hacerlo.

Responsabilidades

1. **Funcionario escolar, padre, madre o encargado, estudiantes:** Si tiene conocimiento de que un estudiante es víctima o agresor de un acto de hostigamiento e intimidación escolar está obligado a informar al Director de la Escuela.

2. **Director:** Aplicará medidas disciplinarias que pueden conllevar un periodo de suspensión de hasta un máximo de quince (15) días, de acuerdo a la severidad del suceso.

3. **Director:** Informará **inmediatamente, a través de módulo de disciplina,** cualquier incidente relacionado con un acto de hostigamiento e intimación, así como la medida disciplinaria aplicada.

4. **Director:** Referirá tanto al abusador como a las víctimas de este al Trabajado Social y al Consejero Escolar para la intervención profesional con diferentes estrategias.

Todo funcionario escolar, padre, madre o encargado, o estudiante que someta un informe, realizado de buena fe, que contenga es relato sobre la incidencia de acoso escolar contra algún estudiante por parte de un abusador estará protegido de cualquier acción en daños o represalias que surjan como consecuencia de reportar dicho incidente.

Fuente: Facilitado por la Trabajadora Social de la Escuela René Márquez en Carolina, Puerto Rico

ANEJO J – EXPLICACIÓN DE LOS COMPONENTES DE LA MATRIZ FODA

ANEJO J – EXPLICACIÓN DE LOS COMPONENTES DE LA MATRIZ FODA

Componentes	Definición	Cuestionamientos
Fortalezas	Es el enunciado de un logro alcanzado, el cual es parte integral de la actividad de la organización.	1. ¿Qué ventajas tiene la organización? 2. ¿Qué hace la organización mejor que cualquiera otra? 3. ¿Qué percibe la comunidad escolar como una fortaleza? 4. ¿Qué elementos facilita alcanzar los objetivos de la comunidad escolar?
Oportunidades	Es una situación que está ocurriendo en el contexto de la organización según lo planificado y se aprovecha para apuntalar el desarrollo de la organización.	1. ¿Qué recursos tengo disponibles para solucionar el problema? 2. ¿Qué otros entornos semejantes a los nuestros están resolviendo el problema satisfactoriamente?
Debilidades	Es una descripción de un problema, un aspecto que debe mejorarse para estar en condiciones optimas de lograr las metas y objetivos de la organización.	1. ¿Qué se puede mejorar para solucionar el problema? 2. ¿Qué se debería evitar para solucionar el problema? 3. ¿Qué percibe la comunidad escolar como una debilidad para solucionar el problema? 4. ¿Qué factores reducen el éxito en el proyecto?

ANEJO J – EXPLICACIÓN DE LOS COMPONENTES DE LA MATRIZ FODA (Continuación)

Componentes	Definición	Cuestionamientos
Amenazas	Es una condición que está ocurriendo en el contexto de la organización y que puede obstaculizar el funcionamiento de la organización o el logro de sus propósitos se es que no se confecciona alguna acción para revertirla.	1. ¿Cuáles son las mayores amenazas que enfrenta el entorno? 2. ¿Qué factores reducen el éxito en el proyecto? 3. ¿Se tienen problemas con la colaboración y compromiso de la comunidad escolar para resolver el problema?

ANEJO K – MIEMBROS Y FUNCIONES DE LA JUNTA DE LA COMUNIDAD PARA EL ANÁLISIS DEL CLIMA Y CONVIVENCIA ESCOLAR DEL NÚCELO ESCOLAR USANDO LA MATRIZ FODA Y PLANIFICACIÓN DEL MODELO ECOLÓGICO/HOLÍSTICO

ANEJO K - MIEMBROS Y FUNCIONES DE LA JUNTA DE LA COMUNIDAD PARA EL ANÁLISIS DEL CLIMA Y CONVIVENCIA ESCOLAR DEL NÚCELO ESCOLAR USANDO LA MATRIZ FODA Y PLANIFICACIÓN DEL MODELO ECOLÓGICO/HOLÍSTICO

La Junta de la Comunidad Escolar[291] estará compuesta por los siguientes:

1. Un miembro del Consejo Escolar nombrado por el mismo donde aplique.
2. El director escolar, decano académico o su representante.
3. Dos estudiantes, en el nivel pre-escolar los de mayor edad y con el consentimiento de sus padres. Si no es posible se aumenta el numero de representantes de padres a cuatro (4).
4. Dos padres de estudiantes de la escuela designados por una reunión de padres.
5. Trabajador social y/o Orientador profesional.
6. La/El Bibliotecaria(o).
7. Un representante del comedor escolar nominado por los empleados del comedor escolar.
8. Un representante de los empleados de mantenimiento nombrado por los mismos.
9. Dos representante de la comunidad aledaña al núcleo escolar designados en un reunión convocada por la institución escolar para dichos efectos.

Las funciones de la Junta de la Comunidad Escolar (JCE) son las siguientes:

1. Nombrar en la primera reunión un Presidente, Vice-Presiente y Secretaria o Secretario. A tales efectos esta reunión será conducida por el miembro del Consejo Escolar; de no existir miembro del Consejo Escolar la reunión será dirigida por un profesional de ayuda (Trabajador Social u Orientador Profesional).

---

[291] Es de naturaleza voluntaria y sin ningún tipo de compensación económica.

2. Las funciones del Presidente de la JCE son: (a) Elaborar la agenda para las reuniones en consenso con el Vice-Presidente y Secretario, (b) Dirigir las reuniones, según la agenda.

3. Las funciones del Vice-Presidente son: (a) Sustituir al Presidente cuando la situación lo demande y (b) Colaborar con el Presidente cuando éste lo requiera.

4. Las funciones del Secretario o Secretaria son: (a) Redactar las minutas de cada reunión, (b) Leer las minutas de la reunión posterior en la próxima reunión, (c) Enmendar las minutas cuando el JCE lo determine y (d) Mantener las minutas en un lugar seguro y accesible para la JCE.

5. Compromiso a asistir a las reuniones.

6. Establecer un Código de Ética.

7. Si es necesario solicitar asesoría sobre el análisis de la matriz FADO usando recursos externos voluntarios de la Universidad del Estado y/o el autor de esta investigación.

8. Solicitar orientación sobre el clima y convivencia escolar si la JCE lo estima necesario. Pueden utilizar recursos externos de Asociaciones sin fines de lucro como *Puerto Rico Stop Bullying Association, Inc.* cuya presidenta es la Dra. Maribel Rivera Nieves.

9. Designar un comité de la JCE para establecer un sistema de recopilación de datos efectivos, confiables, continuos y debidamente almacenados para la toma de decisiones, un sistema de monitoreo y evaluación formativa y sumativa. La/el secretaria(o) es miembro de dicho comité.

10. Redactar la Visión y Misión para la planificación estratégica del modelo Ecológico/Holístico. (Referirse al Anejo L para explicación).

11. Analizar el clima y convivencia escolar según la matriz FADO. (Ver análisis FADO en el Anejo M y Anejo N, Esquema del Proceso de Planificación Estratégica).

12. Rendir un informe de los resultados del clima y convivencia escolar según la matriz FADO para su discusión y aprobación en la JCE.

13. Planificar un plan de divulgación para comunicar a la comunidad escolar la visión, misión y el informe de los resultados del clima y convivencia escolar con el fin de

una discusión amplia y profunda del informe. (Ver Anejo I, Documentos de ejemplos).

14. Diseñar las estrategias en coherencia con los resultados del análisis FADO sobre el clima de convivencia Escolar.

15. Designar el Comité de Mediación de Conflictos. Se recomienda el Trabajador o Trabajadora Social, Orientador u Orientadora Escolar, profesores, estudiantes, padres, ciudadanos de la comunidad y recursos externos. Deben tener el conocimiento y destrezas para desempeñarse como mediadores. De lo contrario, el núcleo escolar debe gestionar para que reciban la educación pertinente.

ANEJO L – VISIÓN Y MISIÓN

ANEJO L – VISIÓN Y MISIÓN

VISIÓN

En síntesis, la visión es una exposición clara que indica hacia dónde se dirige la empresa a largo plazo y en qué se deberá convertir, considerando el clima escolar, la convivencia escolar, la comunidad escolar y la influencia del ambiente eterno y viceversa. También, el desarrollo integral de los estudiantes en su aspectos de espíritu; alma y cuerpo y la interrelación de los mismos internamente y externamente.

Una visión efectiva esta caracterizada por los siguientes principios:

- Clara y desvinculada de la imprecisión.
- Dirigida a describir el futuro (Prospectiva).
- Fácil der recordar y capaz de comprometerse con la misma.
- Aspiraciones plausibles (realistas).
- Alineada con los valores y cultura de la institución educativa.
- Está orientada a las necesidades del cliente.

Para ser realmente la visión debe ser asimilada dentro de la cultura de la organización. Es la responsabilidad de la administración escolar divulgar la visión regularmente, crear situaciones que ilustren la visión, actuar como un modelo de rol dándole cuerpo a la misión, crear objetivos a largo alcance que estén orientados hacia la visión y sean coherentes con la misión, y animar a los otros a integrar su visión personal con la de la organización.

Ejemplo de una declaración de visión:

"Prevenir el acoso escolar (bullying y cyberbullying) en las escuelas publica y privadas del país a fin de lograr un clima escolar y convivencia libre de hostigamiento e intimidación". (Puerto Rico Stop Bullying Association, Inc.)

MISIÓN

La misión es el motivo, propósito, fin o razón de ser de la existencia de una empresa u organización porque define:

1) Lo que pretende cumplir en su entorno o sistema social en el que actúa.

2) lo que pretende hacer.

3) El para quién lo va a hacer.

Ejemplo de una misión:

"Prevenir y manejar el acoso escolar (bullying y cyberbullying) a través de herramientas educativas concretas y efectivas". (Puerto Rico Stop Bullying Association, Inc.)

EJEMPLO DEL DOCUMENTO PARA PRSENTAR MISION Y VISION

JUNTA DE LA COMUNIDAD PARA EL ANÁLISIS DEL CLIMA Y CONVIENCIA ESCOLAR DEL NÚCELO ESCOLAR USANDO LA MATRIZ FODA Y PLANIFICACION DEL MODELO ECOLÓGICO/HOLÍSTICO

Los miembros de la Junta de la Comunidad Escolar aprobamos por mayoría la visión y misión para el Modelo Ecológico/Holístico para prevenir el acoso y ciberacoso escolar en nuestra comunidad escolar.

VISION:

MISION:

Presidente de la JCE Secretaria(o) de la JCE

ANEJO M – ANÁLISIS DEL CLIMA Y CONVIVENCIA ESCOLAR DEL NÚCELO ESCOLAR USANDO LA MATRIZ FODA

ANEJO M – ANÁLISIS DEL CLIMA Y CONVIENCIA ESCOLAR DEL NÚCELO ESCOLAR USANDO LA MATRIZ FODA

La matriz FODA es la herramienta estratégica por excelencia más utilizada para conocer la situación real en que se encuentra la organización o comunidad escolar. La misma consta de dos ambientes: interno y externo y sus respectivas características positivas y negativas. El ambiente interno está centrado en la visión de la comunidad escolar y está constituido por dos factores controlables: fortalezas y debilidades. \Por otro lado, el ambiente externo en función de la misión institucional y conformada por dos factores: oportunidades y amenazas, menos controlables.

El objetivo del análisis DAFO es determinar las ventajas de la comunidad escolar y las estrategias a utilizar para prevenir el acoso y ciberacoso escolar más efectivas y concretas de acuerdo a la cultura y los componentes de la comunidad escolar.

MATRIZ FODA

Ambientes	Positivos	Negativos
Interno	Fortalezas	Debilidades
Externo	Oportunidades	Amenazas

Es esencial que la JCE responda las siguientes preguntas como componente vital del análisis de la matriz FODA:

1. ¿Dónde estamos? La posición presenta de la comunidad escolar con respecto al acoso escolar (bullying y cyberbullying). Implica las siguientes sub-preguntas:

   1.1 ¿Cómo es tu clima escolar de convivencia?
   1.2 ¿Qué situaciones lo alteran?
   1.3 ¿Cómo son las relaciones entre estudiante y profesor; entre estudiante y administrador, entre estudiantes y estudiantes, entre estudiantes y personal no docente y de apoyo?

1.4 ¿Se observa acoso escolar marcado en la escuela?

1.5 ¿Cuál es la política institucional con relación al acoso y ciberacoso escolar?

1.6 ¿Existe un programa de prevención anti acoso escolar?

1.7 ¿Cuál es la política publica disciplinaria?

1.8 ¿Existe coherencia entre los valores y actitudes que se manifiestan en al salón de clases, fuera del salón de clases; la administración escolar con el personal en función de un clima positiva de convivencia?

1.9 ¿Está la comunidad escolar apoderada en los asuntos escolares, en especial el acoso escolar?

2.9.1 ¿Se observa un tipo de clima negativo de convivencia en las familias de los estudiantes?

2.9.2 ¿Existe involucramiento a nivel de sociedad (i.e.: Estado, ASMCA, Servicios de Salud Mental para niños y adolescentes, Policía Asociaciones Voluntarias, Servicios Médicos, Medios masivos de comunicación social, empresas privadas, Departamento de la Familia, Legislatura de Puerto Rico, Universidades, Sector religioso, Uniones del país, Procurador de los Impedidos, Tribunales, Procurador de los menores y Rama Ejecutiva para prevenir el acoso escolar en el contexto escolar?

2.9.3 ¿Qué tipo de comportamiento estudiantil es el de mayor ocurrencia en la escuela?

2.9.4 ¿Qué actitudes son las de mayor frecuencia en los estudiantes de la escuela?

2.9.5 ¿Tienen los estudiante un objetivo de vida, conocen su razón de ser en esta sociedad?

2. ¿A dónde vamos? La posición descriptiva de la tendencia con relación al acoso y ciberacoso escolar en la comunidad escolar. Se atienden las siguientes sub-preguntas:

2.1 ¿Aumenta el acoso escolar y ciberacoso?

2.2 ¿Cómo es la tendencia de suspensiones y expulsiones?

2.3 ¿Se incrementa: lenguaje inapropiado, faltas de respeto, hostigamiento e intimidación emocional, física y psicológica?

2.4 ¿Aumenta el numero de familias disfuncionales?

2.5 ¿El ambiente de la comunidad incrementa negativamente?

2.6 ¿La actitud y compromiso del persona docente con relación a sus estudiantes y a la comunidad escolar aumenta negativamente?

2.7 ¿La disposición de los educadores para evitar el acoso escolar disminuye con el tiempo?

2.8 ¿La organización escolar continua estructurada verticalmente; sin posibilidad de participación efectiva de la comunidad escolar para tomar decisiones con relación a la prevención del acoso escolar?

2.9 ¿El currículo continua enfocándose en los aspectos instruccionales, adquirir conocimiento y destrezas, exclusivamente?

2.9.1 ¿Los factores de riesgo para propiciar una conducta violenta en los estudiantes, acoso escolar, siguen en aumento?

2.9.2 ¿Las causas generadoras de conducta violenta en los estudiantes se incrementan con el tiempo?

2.9.3 ¿Qué tipo de relación existe entre la comunidad externa con acciones para prevenir el acoso escolar?

3. ¿A dónde debemos estar? La posición normativa del escenario futuro de la escuela, prevenir el acoso y ciberacoso escolar. En este punto, es menester preguntarse:

3.1 ¿Qué acciones posibilitan reducir o eliminar el acoso escolar?

3.2 ¿Cómo debe ser el clima escolar de convivencia para prevenir el acoso escolar?

3.3 ¿Qué tipo de organización escolar favorece la prevención de acoso escolar?

3.4 ¿Qué currículo contribuye a la prevención del acoso escolar?

3.5 ¿Qué acciones se deben implantar para inducir familias funcionales con un clima familiar de sana convivencia y sin violencia, hostigamiento entre los padres y una crianza basada en el respeto a los niños y al desarrollo integral de éstos?

3.6 ¿Cómo debe ser el clima de convivencia, tipo de crianza y relación entre los padres para colaborar en la prevención de acoso escolar?

3.7 ¿Qué ejecutorias se deben desarrollar para prevenir hostigamiento e intimidación emocional, física y psicológica?

3.8 ¿Cómo capturar la colaboración y compromiso del personal docente para prevenir el acoso escolar en el aula, fuera del aula y en la comunidad externa a la escuela?

3.9 ¿Cuáles son las estrategias efectivas y certeras para prevenir los factores de riesgo promotores de conducta violenta en los estudiantes?

3.9.1. ¿Cuáles son las estrategias efectivas y certeras para prevenir los factores generadores de conducta violenta en los estudiantes?

3.9.2 ¿Cómo involucrar efectivamente la comunidad exterior al núcleo escolar con el programa de prevención de acoso escolar?

3.9.3 ¿Qué estrategias fomentan en los estudiantes un ser humano con: una buena salud mental, adquisición de valores para la convivencia social, con un propósito de vida y apegado al bienestar público?

Asimismo durante el análisis FODA se debe responder las siguientes preguntas:

1. ¿Cómo se puede explotar al máximo cada fortaleza?
2. ¿Cómo se puede aprovechar cada oportunidad?
3. ¿Cómo se puede mitigar cada debilidad?
4. ¿Cómo se puede defender de cada amenaza la organización?

Análisis externo

La organización no puede existir enajenada de un entorno externo que le rodea; así que el análisis externo permite fijar oportunidades y amenazas que el contexto puede propiciar a la organización. El proceso para determinar esas oportunidades o amenazas que el contexto externo puede presentarle a la organización es de la siguiente forma.

Examinar los eventos del ambiente que podrían tener alguna relación con la organización como son:

De carácter legal:

Casos en los tribunales sobre acoso escolar
Sentencias sobre acoso escolar
Precedentes sobre decisiones relacionadas al acoso escolar

De naturaleza legislativa:

Proyectos presentados sobre acoso escolar
Leyes anti acoso escolar

Económicas:

Clase socio-económica de las familias de los estudiantes
Empleo y desempleo en el núcleo familiar

De carácter social:

Familia de los estudiantes con ambos padres o un solo padre (madre soltera) Relación funcional o disfuncional de la familia de los estudiantes (Historial familiar de conductas violentas o antisociales: incomunicación entre padres e hijos, continuas disputas en la familia y entre la pareja, maltratos físicos o psicológicos y/o abusos sexuales, hijos no deseados, entre otros).
Tipo de crianza del estudiante (autoritario, permisivo o democrático)
Salud física, emocional y mental del núcleo familiar Grupo de pares violentos y abuso de alcohol y/u otras drogas ilegales.

Medios de comunicación masivos sociales:

Mensajes de naturaleza violenta y sexual.
Dignificación de héroes violentes como modelos positivos a emular.

Promoción de la violencia como un medio natural para resolver conflictos.

Desarrollo de insensibilidad con relación a los eventos de acoso escolar y violencia en general.

Inducir la percepción de la impunidad ante la realización de actos violentos.

Promover a habituarse a convivir en una sociedad cada más violenta.

De carácter tecnológico

Ventajas de las Tecnologías de la Información y Comunicación.
Desventajas de las Tecnologías de la Información y Comunicación (TEC).
Impacto de las TEC en el acoso escolar.

Se determina cuales de esos factores podrían influenciar sobre la comunidad escolar en función de facilitar o restringir el logro de las metas y objetivos institucionales, según la Visión y Misión de la escuela. Es decir, cuáles hechos del ambiente externo representan oportunidades que la comunidad escolar podría aprovechar para cumplir con sus metas y objetivos. Por otra parte, podrían existir situaciones que más bien representan amenazas para la escuela. Por ende, la escuela tiene que trabajar para mitigar o eliminar las mismas.

Análisis Interno

Los elementos internos objeto del análisis FADO corresponde a las fortalezas y debilidades del contexto escolar con relación a las disponibilidad de la comunidad escolar, recursos financieros, organización escolar, currículo, tipo de clima de convivencia escolar y relación entre los estamentos de la comunidad escolar como: estudiantes, docentes, administración, personal de apoyo, padres, comunidad aledaña a la escuela y personal no docente. Por ende, se debe cuestionar cómo utilizar estos elementos para lograr las metas y objetivos establecidos.

Por otro lado, las debilidades son los obstáculos (recursos, actitudes, habilidades) de la comunidad escolar que impiden lograr las metas y objetivos establecidos. Una vez identificados se proceden a diseñar estrategias concretas y efectivas para eliminarlas y convertirlas en fortalezas. Algunas de las interrogantes para el análisis de este componente son:

¿Qué se puede mejorar para cumplir exitosamente las metas y objetivos propuestos?

¿Cómo se puede mejorar para cumplir exitosamente las metas y objetivos propuestos?

¿Qué factores reducen la posibilidad de lograr las metas y objetivos del programa?

ANEJO N – DIAGRAMA DEL PROCESO DE PLANIFICACIÓN ESTRATÉGICA

Esquema del Proceso de Planificación Estratégica

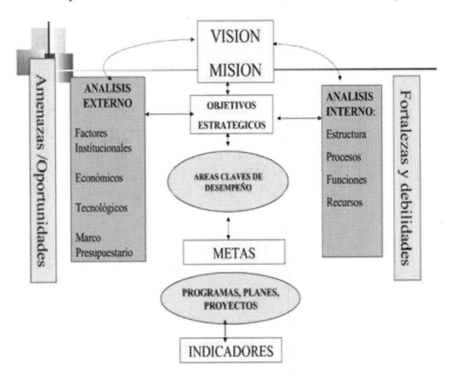

Fuente: Joan Cortalledas: Cátedra UNESCO

ANEJO O – PLAN PARA LA DIVULGACIÓN Y DISCUSIÓN SOBRE LOS RESULTADOS DEL ANÁLISIS FODA EN LA COMUNIDAD ESCOLAR

ANEJO O – PLAN PARA LA DIVULGACIÓN Y DISCUSIÓN SOBRE LOS RESULTADOS DEL ANÁLISIS FODA EN LA COMUNIDAD ESCOLAR

INFORME DEL ANÁLISIS DE LA MATRIZ FODA APLICADA A LA COMUNIDAD ESCOLAR DE LA ESCUELA XXXXXXX

PRESENTANDO POR LA JUNTA DE LA COMUNIDAD ESCOLAR

Fecha _____

La JCE presenta este informe avalado por la _____ de los miembros de dicha Junta.

El informe consta de cuatro secciones con relación a la matriz FODA. Los mismos se presentan a continuación.

Ambiente interno

Áreas	Promueve el logro de mis metas y Objetivos de prevención acoso escolar
Fortalezas	
Debilidades	

Ambiente externo

Áreas	Promueve el logro de mis metas y Objetivos de prevención acoso escolar
Fortalezas	
Debilidades	

ANEJO P – DISEÑO DE ESTRATEGIAS PARA PREVENIR EL ACOSO ESCOLAR

ANEJO P – DISEÑO DE ESTRATEGIAS PARA PREVENIR EL ACOSO ESCOLAR

Las estrategias son declaraciones descriptivas, cuantificables, precisas y normativas para alcanzar la visión, misión y resultados del análisis del clima de convivencia y entornos externos según la matriz FADO. Las mismas tienen que ser realistas y realizarse en un tiempo específico y susceptible de monitoreo y evaluación.

Si el objetivo es diseñar estrategias para promover un clima de convivencia[292] social positivo[293], ya que el análisis de la matriz FADO reflejo violencia extrema entre los estudiantes en el ambiente interno como una debilidad del mismo, que impida evitar el acoso escolar, se sugieren las siguientes estrategias.

1. Instituir programa educativo para la comunidad escolar sobre la violencia escolar, en especial el acoso escolar[294].

---

[292] La convivencia es una construcción colectiva y dinámica donde todos los miembros de la comunidad escolar es responsable por la misma. La misma es producto de las relaciones interpersonales, los subsistemas de la comunidad escolar, estilos de comunicación en la escuela, distribución del poder, los estilos de liderazgo, los criterios para la toma de decisiones, el estilo para lidiar con situaciones conflictivas, el clima del proceso enseñanza y aprendizaje en el aula, la manera de abordar las situaciones de sanciones disciplinarias, entre otras (Educar Chile, 2012). Asimismo, la convivencia supone una actitud proactiva.

[293] De acuerdo con Aron & Millic cit. por EducarChile (2012), el clima social de convivencia positivo o nutritivo prevalece una atmosfera de confianza y respeto mutuo, donde se percibe reconocimiento y valoración, se transmiten altas expectativas y motiva a los alumnos a esforzarse para cumplir los objetivos educativos, donde los estudiantes perciben que pueden participar en los asuntos escolares, existe disposición a aprender y cooperar, respeto a la diversidad, empatía y valorización del bien común.

[294] Examinar el concepto acoso escolar, criterios para identificar el acoso escolar, factores de riesgo detectadas con frecuencia en eventos de acoso escolar (exclusión social o sentimiento de exclusión, ausencia de una adecuada educación a los estudiantes, exposición frecuente a la violencia mediante los medios de comunicación social, integración de grupos pares con orientación negativa y las contradicciones existentes en torno a la justificación de la violencia a nivel societal), causas generadoras de acoso escolar, perfil del agresor, victima y observadores, consecuencias del acoso escolar,

2. Propiciar un aula pacifica caracterizado por la cooperación, la comunicación, la tolerancia, el respeto a la diversidad, el uso de la inteligencia emocional y la resolución pacifica de los conflictos.

4. Una comunidad escolar centrada a apoyar al estudiantado en la dimensión educativa, social y emocional.

5. Fomentar el respeto y empatía en la diversidad de los miembros de la comunidad escolar.

6. Desarrollo de la satisfacción de los estudiantes y los profesores en el núcleo escolar.

7. Una organización escolar adaptable, flexible y facilitadora de estructuras de apoyo para un clima positivo de convivencia escolar.

8. Inducir comunicación formal e informal entre los miembros de la comunidad escolar efectiva, que permita el respeto mutuo, el bien común y la resolución de conflictos en forma proactiva.

9. Fomentar la participación y el debate de los miembros de la comunidad escolar en los asuntos pertinentes a la escuela o que afecten negativamente un clima positivo de convivencia escolar.

10. Promover el pensamiento critico y analítico de los estudiantes para que puedan comprender y aquilatar los valores sociales promotores de la convivencia social, aprecio por el bien común y comprender la ausencia de coherencia entre la conducta y valores de los diversos sectores de la sociedad.

---

ocurrencias del acoso escolar en la comunidad escolar, intervención con los actores del acoso escolar, acción a tomar cuando se es victima de acoso escolar, protocolo de intervención en eventos de acoso escolar

11. Incluir la convivencia escolar como un contenido del currículo escolar, y sobre todo que se modele en los miembros de la comunidad escolar.

12. Priorizar en el aprender a ser, en formar al ser humano en función de las actitudes, valores y normas congruentes con la sana convivencia social.

13. Promover como modelos de sana convivencia a los maestros y a la comunidad escolar.

14. Informar a la comunidad escolar sobre factores que impiden erradicar la violencia entre escolares como son: la tendencia a minimizar la gravedad del acoso escolar entre los estudiantes; reacción inadecuada de la comunidad escolar ante los eventos de acoso escolar entre pares tratamiento aparentemente equitativo, cuando en la realidad no lo es, a la diversidad: la comunidad escolar no tolera lo que se aleje del promedio o sea diferente.

15. Recopilar datos de la comunidad escolar sobre el entorno escolar, véase Anejo R, Cuestionario sugerido sobre el Entorno Escolar).

16. Educación a los estudiantes en destrezas de interacción social[295], para afrontar problemas y resolver problemas interpersonales[296], autoprotección, autodefensa y cultura antiviolencia y anti acoso escolar.

17. Concienciar en los estudiantes las consecuencias de su conducta y la de los pares.

18. Comprender los sentimientos, actitudes y conducta de sus pares.

---

[295] Sonreír y reír, saludar y cotensia y amabilidad, etc.

[296] Identificar problemas interpersonales, buscar soluciones, anticipar consecuencias, elegir una solución y probar la solución.

19. Recuperar la autoridad del educador, sin el uso de un modelo autoritario.

20. Aumentar las capacidades cognitivas de los alumnos.

21. Diseñar y, desarrollar comités de mediación[297] de conflictos entre estudiantes y estudiantes, estudiantes y maestros y estudiantes y padres.

22. Capacitar (conozcan el protocolo de acción de acoso escolar en caso de detectar alumnos víctimas del acoso escolar) y sensibilizar sobre el acoso escolar al personal docente para prevenir e intervenir efectivamente en situaciones de acoso escolar dentro y fuera del aula.

23. Fomentar la cultura colegiada[298] mediante el currículo escolar, modelaje de la comunidad escolar y reglamento escolar.

24. Minimizar las causas generadoras de acoso escolar.

25. Maximizar los factores protectores que posibilitan la competencia personal, social y los valores morales, entre otros.

26. Campañas de sensibilización con relación a la violencia y al acoso escolar a la comunidad educativa: información y formación (Monjas, 2010).

---

[297] El proceso de mediación consta de los siguientes eventos: Presentación y aceptación del mediador.; Recopilación de datos e información sobre la situación y las personas participantes en el evento de acoso escolar; Elaboración de un contrato sobre las normas y condiciones del proceso de mediación; Reuniones conjuntas con todas las partes implicadas; Elaboración y aprobación del acuerdo final y Seguimiento de los acuerdos. El mediador no resuelve problemas, sino que facilita a las partes en conflicto a resolver el conflicto positivamente. El mediador promueve la comunicación, presenta sugerencias a las partes y elimina los obstáculos que pueden existir para la negociación directa entre las partes.

[298] Según Custodio (2000), este tipo de cultura favorece estructuras de amplia participación y colaboración entre los diversos sectores de la comunidad escolar.

27. Campañas de sensibilización a los educandos con respecto a la violencia y al acoso escolar (Monjas, 2010).

28. Integración en el currículo de [metas], objetivos, contenidos y actividades específicas de prevención de acoso escolar, sana convivencia, resolución pacifica de conflictos y comités de mediación de conflictos (Monjas, 2010).

29. Comprender y atender los niveles, según el modelo ecológico, de prevención de acoso escolar que son: Individual[299], relacional[300], comunitario[301] y social[302].

30. Promover el respeto a las reglas y normas que rigen los distintos espacios escolares, en toda la comunidad escolar.

31. Fomentar la protección de las victimas de acoso escolar con apoyo psicológico y todos los recursos necesarios.

---

[299] Son los factores biológicos e históricos personal que influyen en el comportamiento de un ser humano: impulsividad, bajo nivel educativo, abuso de sustancias psicotrópicas, antecedentes de comportamiento agresivo, estilo de crianza y ser victima de maltrato, etc.

[300] Se investiga el modo en que las relaciones sociales cercanas incrementan el riesgo de convertir al ser humano en agresor o víctima. Sus pares, la pareja y los miembros de la familia tienen el potencial de configurar el comportamiento de una persona a través de una amplia gama de experiencias con el mismo.

[301] Son los contextos de la comunidad donde se dan las relaciones sociales de la persona con el mismo, como son: la escuela, el vecindario, grupos de estudiantes y asociaciones; y se procede a identificar las características de esos contextos asociados con ser víctima o agresor. Los estudios sobre violencia sugieren que determinados ámbitos comunitarios favorecen el comportamiento violento más que otros; por ejemplo, las áreas de pobreza o deterioro físico, familia disfuncionales o pobre apoyo de la comunidad escolar.

[302] Se examinan los factores sociales más generales que determinan las tasas de violencia o acoso escolar, como por ejemplo: los factores propiciadores para crear un clima de aceptación de la violencia, los que minimizan las inhibiciones contra el acoso escolar y los factores generadores de tensión entre estudiantes, entre otros.

32. Preparar una guía informativa para delinear el procedimiento cuando ocurre un evento de acoso escolar.

33. Establecer la semana anti-acoso escolar a nivel de la comunidad escolar y del país.

34. Carta compromiso anti-acoso escolar. Es un compromiso voluntario para crear una comunidad escolar donde el acoso escolar no sea tolerado, ni aceptado en ninguna circunstancia. La misma es firmada por el director o directora de la escuela, Consejo Escolar, por una muestra de estudiantes, profesores, personal de apoyo, persona no docente y padres.

35. El establecimiento de una comunidad escolar basada en la Democracia y la Justicia.

36. Estimular la responsabilidad colectiva y propiciar un clima de confianza dirigido al bien común.

37. Desarrollar la democracia participativa. Esto es: Permitir a todos los alumnos la oportunidad de participar en el proceso decisional de los asuntos escolares, Distribuir el poder y la responsabilidad, desarrollando un ambiente escolar en los que participen alumnos, profesores y padres para adjudicar decisiones de forma democrática, mediante en diálogo, el consenso y el sufragio.

38. Desarrollar en los miembros de la comunidad escolar empatía y comprensión de los derechos humanos.

39. Desarrollar la capacidad de abstracción en los estudiantes para ayudarles a comprender con mayor profundidad los conflictos y resolverlos sin recurrir a acciones de acoso escolar.

40. Enseñar a los educandos a resolver conflictos de naturaleza socio-emocional con sus semejantes en las siguientes etapas: (a) Definir adecuadamente el conflicto,

(b) Considerar la totalidad de los objetivos implicados en la situación que provoca el conflicto, (c) Delinear las posibles soluciones al conflicto y valorar cada una de ellas en función de los resultados positivo y negativos que pueden tener para las personas implicadas en la situación, (e) Instituir la solución elegida y (f) valorar los resultados obtenidos y, sin los efectivos, reutilizarlos en situaciones similares.

Si se ha detectado en el núcleo familiar, como escenario externo, las condiciones familiares como una amenaza a cumplir con la visión y misión institucional entonces es preciso diseñar estrategias para evitar y/o minimizar la misma. Se sugieren las siguientes estrategias, a saber:

1. Promover un programa de educación familiar el cual contribuya a prevenir un ambiente familiar que induzca violencia y hostigamiento entre los miembros de la familia, el programa debe fundamentarse en tres pilares: a. Relación cálida entre los miembros del núcleo familiar, b. Cuidado adecuado con los hijos o hijas y c. Disciplina consistente, sin ser autoritario, ni negligente; sino que ayude a los hijos o hijas a respetar ciertos límites y aprender a establecer relaciones basadas en el respeto mutuo, lo opuesto al modelo de dominio-sumisión en el cual se basa la violencia.2. Acciones colaborativas entre la escuela y la familia para prevenir factores generadores de acoso escolar, como son: familias inestables con problemas de desempleo, maltratos físicos o psicológicos o abusos sexuales, padres o madres solteras incapaces de comprender las necesidades afectivas y psicológicas de su hijo o hija, núcleo familia sin un padre afectuoso, ausente o violento; ausencia total de autoridad y limites para los hijos o hijas, continuos conflictos en la familia y entre la pareja, uso y abuso de alcohol y/u otras drogas e incomunicación total entre padres e hijos, y otras adicionales.

3. Establecer reglas claras en el hogar para los hijos o hijas.

4. Concienciar a los padres de las consecuencias de las situaciones de intimidación y maltrato entre los estudiantes (Monjas, 2010).

5. Educar a los padres a negociar con los hijos o hijas las crisis y desacuerdos.

6. Fomentar enlaces de respeto, cariño mutuo y capacidad de empatía entre los miembros del núcleo familiar.

7. Fomentar asertivamente el alejamiento de amistades conflictivas de los hijos o hijas.

8. Adecuada supervisión de las actividades de los hijos o hijas, especialmente en el uso de la tecnología.

9. Educación en valores cristianos y en actitudes morales, asistir a la comunidad de fe de preferencia.

10. Otorgar responsabilidades y total confianza en los hijos e hijas

11. Ser coherentes en el modelo de vida que se desea transmitir en el hogar[303].

12. Educar a los padres a identificar señales de agresión o victima de acoso escolar en su hijo/a[304]

---

[303] De acuerdo con López, et. al. (2010), una condición necesaria para que los educandos encuentren coherencia y asumibles los valores sociales fundamentales para loa sana convivencia y apreciar al bien común es la existencia de convergencia entre los valores sociales que propone la escuela, la comunidad, la sociedad y los que desarrolla la familia. Cuando existe ausencia de conexión entre estos sistemas el estudiante percibe contradicción, confusión y no pude discriminar adecuadamente.

[304] Según el Plan PREVI (2010), existen tres indicadores para reconocer del hijo/a victimario de acoso escolar. El indicador psicológico: (a) presenta cambios en su temperamento de humor, (b) exhibe tristeza y depresión, (c) se aísla de la realidad, (d) baja autoestima, (e) insomnio, (f) ansiedad, (g) retraimiento y (h) episodios continuos de lloro. El otro indicador es los interpersonales: (a) tiempo frecuente de soledad y

13. Talleres educativos para ayudar a los padres a reconocer si su hijo/a es un agresor o se comporta de manera violenta[305]

Por otra parte, si en el ambiente externo se ha identificado como oportunidad el uso de asociaciones no lucrativas para prevenir e intervenir con el acoso escolar, como *Puerto Rico Stop Bullying Association, Inc.*, utilizar las siguientes estrategias como modelo para prevenir el acoso escolar.

1. El uso de asociaciones sin fines de lucro para prevenir el acoso escolar como recurso de apoyo en la comunidad escolar.

2. Utilizar profesionales en el campo de la convivencia y acoso escolar como la Dra. Maribel Rivera Nieves, experta en el tema, para asesorar y colaborar en el proyecto piloto de prevención e intervención con el acoso escolar.

3. Talleres, orientaciones y conferencias sobre prevención e intervención con el acoso escolar por estas asociaciones en la comunidad escolar.

---

evita a sus amigos, (b) pobre rendimiento académico y (c) fobia a la escuela y a lugares fuera de su cuarto, entre otros. Indicadores de agresión como son: (a) Presentan en su cuerpo moretones y/o heridas, (b) Ropa rota y/o rasgada, (c) Perdida de dinero y materiales educativos y (d) Frecuentes quejas de ser blanco de insultos, burlas, exclusiones, sobrenombres y agresiones.

[305] El Plan PREVI delineo los indicadores de un estudiante violento, a saber: (a) exhibe una conducta rebelde y no satisface las normas familiares, sociales, educativas y de la resolución de conflictos civilizadamente, (b) es prepotente (dominador) frecuentemente con sus hermanos/as, amigos/as, maestros/as y hasta con sus padres, (c) no puede ser empático cuando se le solicita reflexionar sobre su conducta, (d) autoestima alta, (e) incapaz de responsabilizarse por sus acciones y no pide disculpas, (f) se enorgullece de sus acciones violentas, (g) es miembro de una pandilla conflictiva, (h) disfruta, goza, mofándose de sus pares, (i) se expresa de forma despectiva de sus compañeros de clase y (j) siempre quiere tener la ultima palabra.

Asimismo, si producto del análisis de la matriz FADO se identificó, en el ambiente externo, como un obstáculo la sociedad, es necesario desarrollar estrategias para eliminar el mismo. A tales efectos, se sugieren las siguientes estrategias.

1. Presentar proyectos de ley para prevenir escenas violentas a través de los medios de comunicación masivos.

2. Promover campanas en los medios de comunicación masivos sobre los beneficios de evitar la violencia para resolver conflictos.

3. Presentar a los ciudadanos modelos positivos de conducta solidarios, altruista y de respeto a la diversidad.

4. Promover vínculos fuertes entre los valores sociales enseñados en la escuelas, familia, comunidades y sociedad.

5. Establecer vínculos de comunicación fuertes entre los padres y autoridades educativas (Administración Escolar, maestros y personal de apoyo) para dialogar sobre situaciones preocupantes para ambas partes y que sean propiciadoras de violencia y acoso escolar en los estudiantes.

6. Promover en el núcleo familia de las familias de los estudiantes acciones para evitar la influencia negativa de la televisión y otras tecnologías como las siguientes: Que los padres acompañen a sus hijos o hijas cuando estén frente a las pantallas televisivas, para ayudarles a desarrollar una actitud reflexiva sobre lo que están observando; Aplicar la acción anterior a las nuevas tecnologías como internet; Limitar el tiempo que los niños están frente a esta tecnologías; Evitar y/o explicarle que la presentación de conductas violentas de naturaleza psicológica (insultos, burlas, humillaciones, ridiculizaciones y acosos, etc.) son normales en el contexto socio-cultural e utilizar la tecnología como herramienta educativa.

ANEJO Q – PROYECTO DE DIVULGACIÓN DE LAS ESTRATEGIAS PARA PREVENIR EL ACOSO ESCOLAR

ANEJO Q – PROYECTO DE DIVULGACIÓN DE LAS ESTRATEGIAS PARA PREVENIR EL ACOSO ESCOLAR

Duración del proyecto: Treinta días o hasta que se cumpla su propósito.

Responsables del proyecto: Administración Escolar, JCE y Consejo Escolar

Clientela: Comunidad escolar

Espacio: Salón de reuniones de la escuela

Recursos financieros: Presupuesto escolar y aportaciones voluntarias.

Actividades:

1. Reunión por subsistema de la comunidad para discutir el Informe: Personal docente, estudiantes, personal de apoyo, personal no docente, padres y comunidad en torno a la escuela. Esto con el fin de recibir retroalimentación en torno al informe. Enmendar el informe, si es necesario, según la retroalimentación recibida.

2. Distribución de copias del informe a la comunidad escolar.

3. Reunión con toda la comunidad escolar para discutir el resultado del Informe en función de la enmiendas producto de las reuniones con los subsistemas.

ANEJO R – CUESTIONARIO SOBRE EL ENTORNO ESCOLAR

ANEJO R – CUESTIONARIO SOBRE EL ENTORNO ESCOLAR

Plan PREVI

INFORME SOBRE EL ENTORNO ESCOLAR

Fecha notificación...

Centro Educativo.......................................*Código*.............................
Dirección...
.....*Localidad*...*Provincia*.............................
Persona y Cargo que firma el parte...

Le agradecemos que señale aquellas circunstancias o situaciones que detecte en las proximidades de su centro y que, a su juicio, puedan estar relacionadas con algunos problemas de convivencia entre miembros de su comunidad educativa. Esta notificación se trasladará a las fuerzas de seguridad, mejorando así nuestra coordinación para prevenir incidentes en las inmediaciones de los centros.

1.- INDIQUE SI SE HA DETECTADO ALGUNA DE ESTAS SITUACIONES EN LAS INMEDIACIONES DE SU CENTRO

- ❑ Presencia de jóvenes no escolarizados
- ❑ Presencia de jóvenes ajenos al centro en las horas de entrada y salida
- ❑ Presencia de alumnos absentistas del propio centro en horario lectivo
- ❑ Presencia de alumnos absentistas de otros centros en horario lectivo
- ❑ Presencia de pandillas o grupos violentos/conflictivos
- ❑ Presencia de pandillas o grupos violentos/conflictivos que intimidan a sus alumnos
- ❑ Incidentes en el transporte escolar
- ❑ Peleas y trifulcas habituales en el exterior
- ❑ Peleas entre bandas
- ❑ Agresiones repetidas a un mismo alumno
- ❑ Insultos y burlas sobre un mismo alumno
- ❑ Atracos a alumnos fuera del centro
- ❑ Actos vandálicos y destrozos materiales (sobre coches del profesorado, pintadas, rotura ventanas)
- ❑ Incidentes o amenazas con armas
- ❑ Consumo de estupefacientes
- ❑ Tráfico/menudeo de estupefacientes
- ❑ Otros _____

Plan PREVI

3.-RESPECTO A CÓMO SE HA CONOCIDO LA SITUACIÓN:

- ❑ Se conoció entre los alumnos.
- ❑ Lo han denunciado los padres.
- ❑ Se conoció entre los profesores.
- ❑ Ha habido una denuncia formal.

En ese caso especificar denunciante y órgano ante el que se ha formulado la denuncia.

- ❑ Otro (Especificar)

4.-RESPECTO AL IMPACTO DE LOS HECHOS EN LA VIDA DEL CENTRO

- ❑ Consumo de drogas entre el alumnado
- ❑ Altercados frecuentes relacionados directamente con los hechos
- ❑ Apertura de expedientes disciplinarios relacionados directamente con los hechos
- ❑ Otro (especificar)

5-RESPECTO A LA VIGILANCIA POLICIAL.

- ❏ No existe vigilancia policial en la zona ni se ha solicitado.
- ❏ No existe vigilancia policial en la zona aunque se ha solicitado.
- ❏ La vigilancia existente es insuficiente y debería incrementarse.

En _____ a ___

Fdo: _____

ANEJO S – PROYECTO DE DIVULGACIÓN DE LAS ESTRATEGIAS PARA PREVENIR EL ACOSO ESCOLAR

ANEJO S – PROYECTO DE DIVULGACIÓN DE LAS ESTRATEGIAS PARA PREVENIR EL ACOSO ESCOLAR

Duración del proyecto: Treinta días o hasta que se cumpla su propósito.

Responsables del proyecto: Administración Escolar, JCE y Consejo Escolar

Clientela: Comunidad escolar

Espacio: Salón de reuniones de la escuela

Recursos financieros: Presupuesto escolar y aportaciones voluntarias.

Actividades:

1. Reunión por subsistema de la comunidad para discutir el Informe: Personal docente, estudiantes, personal de apoyo, personal no docente, padres y comunidad en torno a la escuela. Esto con el fin de recibir retroalimentación en torno al informe. Enmendar el informe, si es necesario, según la retroalimentación recibida.

2. Distribución de copias del informe a la comunidad escolar.

3. Reunión con toda la comunidad escolar para discutir el resultado del Informe en función de la enmiendas producto de las reuniones con los subsistemas.

ANEJO T – PLAN PARA IMPLANTAR LAS ESTRATEGIAS

ANEJO T – PLAN DE ACCIÓN PARA IMPLANTAR
LAS ESTRATEGIAS PREVENTIVAS
(EJEMPLO)

PLAN DE ACCIÓN PARA IMPLANTAR ESTRATEGIAS

Actividades	Eventos	Calendario	Recursos	Persona(s) Responsable(s)	Fuente de datos y Persona(s) Responsable(s)
1. Programa educativo para la comunidad escolar sobre la violencia escolar, en especial el acoso escolar.	1.1 Diseño del curso sobre la violencia escolar (acoso escolar). Si es necesario utilizar recursos externos como la Dra. Maribel Rivera Nieves[305]	4 al 28 de septiembre de 2014.	Personal de la comunidad escolar o recurso externo. Salón de actos Tecnología Educativa Presupuesto Escolar Meriendas Material Educativo	Comité de Implantación de las estrategias.	Hoja de asistencia a las sesiones. Número de personas que finalizó exitosamente el curso. Resultados de la pre y post prueba. Resultados de la evaluación del curso.

[306] Estudiosa profunda del acoso escolar, entre las que se encuentra su estudio de investigación doctora y la investigación sobre el acoso escolar plasmada en el libro *Las voces en la Adolescencia sobre Bullying: Desde el escenario escolar*. Doctora en Educación con especialización en Currículo de Enseñanza y Ambientes de Aprendizaje, Trabajadora Social y con una maestría en Administración Gerencial. Asidua conferenciante sobre violencia escolar y consultora y adiestradora a profesionales y público en general en torno a las estrategias efectivas para la prevención e intervención contra el acoso escolar. Es la iniciadora en Puerto Rico en ofrecer las certificaciones de **Convivencia y Acoso Escolar, Modelo de Intervención sobre Bullying (MISB) Resiliencia en el Entorno Educativo** a través del Advanced Training Certificate Institute. Fundadora de **Puerto Rico Stop Bullying**,

PLAN DE ACCIÓN PARA IMPLANTAR ESTRATEGIAS
(CONTINUACIÓN)

Actividades	Eventos	Calendario	Recursos	Persona(s) Responsable(s)	Fuente de datos y Persona(s) Responsable(s)
1. Capacitar y sensibilizar al personal docente para prevenir causas de riesgos incitadoras de acoso escolar..	1.1 Diseño de los talleres. Si es necesario utilizar recursos externos como la Dra. Maribel Rivera Nieves.	1 al 26 de octubre de 2014.	Personal de la comunidad escolar o recurso externo. Salón de actos Tecnología Educativa Presupuesto Escolar	Comité de Implantación de las estrategias.	Hoja de asistencia a las sesiones. Número de personas que finalizó exitosamente el curso. Resultados de la pre y post prueba.

ANEJO U - PLAN DE EVALUACIÓN

ANEJO U - PLAN DE EVALUACIÓN

PLAN DE EVALUACIÓN
(EJEMPLO)

Pregunta de Investigación	Información Necesaria y Fuente de Información	Instrumento	Calendario de Administración	Persona(s) Responsable(s)	Análisis de los Resultados
1.0 ¿Cuál es el nivel de conocimiento sobre acoso escolar antes y después de la intervención de prevención?	1.0 Puntaje antes y después de las pruebas del curso sobre acoso escolar para fijar el nivel de conocimiento de la comunidad escolar sobre los temas discutidos.	1.0 Escala de la prueba selección múltiple.	1.0 4 al 12 de septiembre de 2014.	1.0 Evaluador externo	1.0 Comparación entre los puntajes de la pre y post prueba para fijar el porcentaje de ganancia de conocimiento de los participantes.
2.0 ¿Cuál es el clima de convivencia escolar pre y posterior a la intervención preventiva?	2.0 Puntaje antes y después de responder el cuestionario[307].				

---

[307] Vea el cuestionario en el Anejo R.